平井伯昌

JN275768

見抜く力

夢を叶えるコーチング

GS 幻冬舎新書 101

まえがき

「どうすればオリンピック選手が育つんですか？」

「どんな指導をしたんですか？」

最近になって、そんな質問を受ける機会が多くなった。

私がコーチを担当している北島康介、中村礼子、上田春佳という三人の選手が、そろって北京オリンピックの代表選手として出場したからである。

ご存じのとおり、康介は一〇〇メートルと二〇〇メートルの平泳ぎで、アテネにつづき二大会連続の金メダルを獲得した。また、礼子も二〇〇メートル背泳ぎで、同じように二大会連続の銅メダルを手にした。

春佳に関しては残念ながら決勝進出はならなかったが、二〇〇メートル自由形の予選では日本新記録のタイムで泳ぎきった。

それぞれの選手が、それぞれにベストをつくした結果だと思う。

コーチとして、私が指導をするときに気をつけているのは、何よりも選手自身の人間性を把握し、本質を見抜くということ。それがいちばんの原点だと考えている。

それができていないと、それぞれの選手に対応することもできないし、お互いの信頼関係も築くことができない。それができて初めて、きつい練習にも耐えることができるし、困難なハードルを乗り越えることもできる。オリンピック、という共通の夢に向かって闘えるのである。

だが、オリンピックで世界の頂点に立つことだけが、最終目標では決してない。速い選手や、記録に挑戦できる選手を育てることだけが、コーチの役割ではないのだ。

水泳を通じてみんなのお手本になる、社会の中でみなさんの役に立っていける人間になってもらいたい。水泳を通じて人間を磨いてもらいたいと思っているのだ。

そんな私自身の「指導」に対する姿勢やスタンスを、本書から読み取ってもらえれば幸いである。

見抜く力／目次

編集協力　倉田ひさし

第一章　五輪の栄光

金メダルへのターン

日本中が、注目していた。

北島康介の五〇メートルのターンを見たとき、

「勝った」

と思った。

ノルウェーのダーレオーエン選手より、水中で一歩先に出ていた。ここで康介の勝ちを確信した。

康介は最後の一五メートルに多少不安がある。そこまで絶対にあわてずに攻めの泳ぎをしていけば、勝てるはずだと読んでいた。

その読みどおり、最後の一五を力強く泳ぎきり、ゴールに吸い寄せられるようにタッチした。康介が表示板のタイムを見て両手を突きあげ、雄叫《おたけ》びをあげた。歓びを全身で表して水面を叩き、なんどもなんども拳を振りあげた。

「やった！」

と私も叫んでいた。

康介がゴーグルをはずして世界記録を再確認し、またプールの中で吠えた。

アテネ五輪につづいて北京でも、二大会連続の金メダル獲得の瞬間だった。

「なんも言えねえ!」

という康介の名ゼリフが飛び出したのは、泳いだあとのインタビューだった。記者の質問に答えが詰まり、思わず涙になった。康介が照れたように、タオルで涙をぬぐった。

私は、その康介が表彰式を終えて来るのを待っていた。

満面の笑顔で近づいてくる康介を見て、不覚にも涙が溢《あふ》れた。康介と抱きあって勝利を祝福しあったあと、彼が話しかけてきた。

「先生、レースの読み、ばっちりでした」

レースの前、康介には作戦を伝えていた。レース展開を分析し、ダーレオーエン選手に勝つための秘策を授けていたのだ。

康介のすごいところは、あれだけレースで燃えていても、どこか頭の中に冷めた部分があって、冷静に体を動かしコントロールしているところだ。

たとえ興奮しきっているように見えても、客観的に自分や周りの状況を見る目を失ってはいない。我を忘れて無我夢中にはなっていないのだ。

そうした冷静さは、コーチとして小さい頃から話をして、訓練してきた結果でもある。

だが、それをオリンピックという大舞台で堂々とやってのけるところが、康介がふつうの人間とは違う、ずば抜けている部分だろう。

たしかに、金メダルは、私の読みどおりだった。

勇気をもって、ゆっくり行け

試合前には、いつも詳細なデータ分析と映像解析をおこなっている。勝機を見抜くには、徹底した情報収集とその分析が必要なのだ。

北京五輪の一〇〇メートル平泳ぎ準決勝では、康介は五九秒五五で泳ぎ、二位で通過した。だがトップに立ったのは、ノルウェーのアレクサンダー・ダーレオーエン選手で、前日の予選で樹立した自身の五輪新記録を破る五九秒一六をマークしていた。

私と康介が決勝でのライバルと考えていたブレンダン・ハンセン選手は、五九秒九四で五位に沈んでいた。この時点で決勝のターゲットを、ダーレオーエン選手に絞らざるをえなかったのだ。康介自身も、メディアのインタビューに応じて、

「優勝は、世界記録ラインですね」

と答えている。

私は、これまでの康介の泳ぎと、ダーレオーエン選手の泳ぎを徹底的に分析し、その結果を康介に伝えた。私のレース分析はこうだった。

「飛び込みが良くて、スタートが決まるのがカギだ。最初の五〇メートルは、ターンのときに、たぶん〇・二～三秒は負けている。だけど、ターンで康介が前に出るから、あわてなくていい。最後の五メートルはダーレオーエンのほうが強い。タッチ勝負になるから絶対にあわてないで行け」

そうアドバイスしたのだ。

そして迎えた、決勝。

ふだんの練習では、康介に「手を外にかくときは、もっとゆっくりにしろ」とか、

「一気に行くんじゃなくて、手は徐々に入れて行け」といった具体的な指示を出している。

　だが、レースの直前には、抽象的な言葉しかかけられない。最後のおまじないみたいなものだ。このときも、なにを言おうか迷った。どうしようかと考えたすえ、

「勇気をもって、ゆっくり行け」

　と言って送り出した。

　なぜ「勇気」と「ゆっくり」なのか。

　康介の泳ぎは、ふつうの人が力んで水をかいているときに、力は入っているものの、ゆっくり伸びているのが特徴である。「どうして、あんなふうに力まずに泳げるんですか？」と驚かれるくらいだ。

　ずっと前から康介には、「頑張ったからいい記録が出るとは限らない。ふつうは、みんなあせって水をかきすぎてしまう。そのあせりを抑えて、ゆっくりやる勇気がないとダメなんだ」と、口やかましく指導していた。普通の人間と同じ価値観ではないことを、勇気をもってやるということを康介にはいつも要求していたのだ。

「康介の泳ぎは、勇気がないとできない」

そう教えていた。

一〇〇メートルの決勝を、康介は私が予想したレース分析どおりに泳ぎきった。ターンで一歩リードしたのを見て「勝った」とは思ったが、勝負は最後の最後までわからない。ゴールタッチの瞬間に、歓びが全身をつらぬいた。五八秒九一の世界新記録だった。

「勇気をもって、ゆっくり」

その勝利だった。

コーチと選手の役割分担

決勝レースの前、康介は、

「表彰台で、平井先生と一緒に〈君が代〉を歌いたい」

と言っていた。

表彰台から戻ってきた康介が、自分の金メダルをはずし、私の首にかけてくれた。コーチとして康介と一体になって練習に励み、一体となって泳ぎ、一体となって表彰台にあがることができたのだと思っている。

ずっと心の中にせき止めていたものが、涙と一緒に一気に溢れてきた。

これまでの長い道のりを振り返ってみると、アテネで金メダルを獲ったときより、コーチとしてやるべきこと、役割分担を意識してやってきたように思う。

アテネでは、康介はまだ大学四年の学生だった。中学三年のときに初めて「オリンピックに行きたいか？」と声をかけてから、アテネまでは康介を一人前に育てる私の責任があり、義務があると思っていた。

ところが、アテネで金メダルを獲ってからは、コーチとしてのスタンスが変わった。

「もし、北京でも金メダルを狙いたいなら、協力するよ」

と、康介に伝えたのだ。

アテネまでは、コーチとしての私が康介を引っ張っていく立場だった。だが、金メダルという一つの目標を達成してから、今度は康介が自身の目標に向かっていく立場であり、私はコーチとしてバックアップしていく立場になると考えたのだ。

それが、役割分担という意味でもある。

オリンピックの会場に入ったとき、選手がいちばん揺れ動くのが、精神状態である。精神が動揺することで泳ぐ技術にも影響が出るし、なかには体調を崩す選手も出てくる。オリンピックという場は、やはり特別なものなのだ。

私は日頃から選手に対して、「ライバルの力だとか、ライバル選手の戦法だとかは、君らが予選を終えている間にコーチとして私が探る。だから、決勝の泳ぎ方とか、戦術については、こっちにまかせてくれ」と言っている。

その点はコーチの役割なので、とにかく自分の泳ぎに集中しろ、と伝えるのだ。私はコーチの目でレースを客観的に見て分析し、勝つための戦術を立て、決勝の前にはちゃんとしたアドバイスができるようにしようと考えている。

その点が、四年前のアテネと今回の北京の、コーチとしてのスタンスの違いだと言っていいだろう。また康介自身も、同じ金メダルを狙うにしても、四年前とは違うアプローチで、もう一度頂点を極めたいという思いがあったのではないかと思う。

私たちは、四年前と同じことをして勝ったわけではない。

康介も私もともにスキルアップしているし、タイムも上がっている。けっして現状維持できたわけではないし、アプローチを変えてきた部分もある。一度完成された泳ぎをあえて崩し、さらに進化した泳ぎを模索するのは、非常に勇気がいる。

それは、攻めの泳ぎをめざす、私たちの新しい「挑戦」でもあった。

初めての涙

背泳ぎの中村礼子の場合は、康介とは違うコーチングが必要だった。

一〇〇メートルでは、予選で日本新記録を出しながら、その後の準決勝、決勝でタイムを落とし、結局六位に甘んじてしまった。行けるかなと思っていたが、結果にはつながらなかった。レース後、どうだった？　と礼子に訊くと、

「心の弱さが出てしまいました」

と言う。

康介の場合、レース展開を説明し、ライバルの話をして意識させた上で「勝つために、おまえのやることは、これだ」と指示したほうがいい結果につながる。康介には、私が

思っていることを一〇〇言っても、それを全て受け止められるだけの心の強さがある。

だが礼子は、ライバルの話をすると意識しすぎてしまい、本来の自分の泳ぎができなくなる傾向がある。一〇〇メートル決勝でも、隣の選手を見てあわててしまったのだ。

メダルを獲るという同じ目標があったとしても、選手の性格によって、目標までの道のりの設定、練習方法、最後にレース前にかける言葉も変わってくる。

一〇〇の予選で、礼子はこれまでの記録を大幅に上げて、五九秒三六という日本記録を出していた。そういうときに、

「よし、行ける！」

と思うタイプと、

「つぎ、どうしよう？」

と思い悩むタイプがいる。礼子は後者のタイプなのだ。

予選の成績が良かったから、もっと良くしなきゃいけない、ミスしちゃいけない、というように自分の中でのプレッシャーが強くなってしまった。その結果、前向きになれず、攻めの姿勢でなく守りの姿勢になってしまったのではないか。

礼子が本番に弱いということは認識していたつもりだったが、コーチとして、そこまで見抜けなかったことが情けなかった。私も一晩悶々として過ごした。そして翌日、二〇〇メートル予選を前にして、

「先生の作戦ミスだ、悪かった。昨日は悔しくて眠れなかったよ」

そう正直に謝ったのだ。

礼子が泣き出したのは、そのときだった。それまで陰で泣いたり母親に電話しながら泣いていたのは、なんとなく知っていた。だが、コーチの私の前で泣いたのは、それが初めてだった。大粒の涙がボロボロとこぼれた。

礼子自身も一〇〇の結果は不満で、相当の悔しさがあったのだろう。

このとき、もしも私が「二〇〇メートルはもっと気合いを入れて行け」と叱咤激励していたとしたら、おそらく礼子は泣かなかったと思う。

だが、ここは礼子の気持ちのせいにしてはいけない。礼子の性格をわかっていながら、彼女の精神状態を見抜き、それに合った戦略を立てられなかった私が悪いのだ。まだ、次がある。気持ちをスッキリさせて、次の準決勝、決勝へ向かわなければいけない。だ

から、むしろ泣いてくれてよかった、という気がする。

礼子も私の前で自分の感情をぶつけられたことで、「気分がすっきりして、モヤモヤしていたものがなくなった」と言う。このとき私と礼子の気持ちが、ひとつになれたのだ。

そこで、あらためて、

「二〇〇メートルに向けて、どう考えてるんだ?」

と訊いたら、

「一〇〇は隣を意識しすぎたので、二〇〇は自分のレース、自分の泳ぎをしたい」

と礼子が答えた。

それこそ、私が望んでいた答えだった。

金狙いの泳ぎと銅狙いの泳ぎ

金狙いと銅狙いでは、同じメダルでもコーチの仕方も変わってくる。

背泳ぎ二〇〇の決勝に出場するメンバーで、中村礼子のベストタイムは四番目だった。

そうなると、一番、二番消し、といった考えでいかざるをえない。本来ならもちろん金を狙いに勝ちに行きたいのだが、記録も実力もそこには及ばないことはわかっていた。ならば、最初から銅メダルを確実にするための戦略を立てるしかない。

二〇〇メートルは、五〇メートルを四回泳ぎ、ターンが三回ある。

礼子の決勝での泳ぎは、最初の五〇メートルはスタート後の浮き上がりが滑らかでよかった。これなら、楽に行っても上位陣の中に食いこんでいけると思った。

問題は、つぎの五〇だった。

「ここは頑張らないで楽に行け」

というのが私の指示だった。一〇〇までは落として行けと言ったにもかかわらず、ペースが速い。本来なら一〇〇のターンをしてから、残りの距離を上げていくつもりだったが、決勝となるとどうしても力が入りすぎてしまうのだ。

「落ち着いて行けよ。あわてないで泳いで行けよ」

そう祈るだけだった。

前半一〇〇のターンで、これまでのレース展開では考えられないタイム、一分〇二秒一一で折り返した。一〇〇から一五〇を上げて行けるかどうかが、ポイントだった。見ると、それほど力んではいなかった。最後のターンに入る前に、

「これで行ける」

と思った。

最後の五〇は、いい感じで泳いでいた。あとで訊いたら、目をつむって泳いでいた、と言う。ライバルの泳ぎが見えると意識しすぎてしまうので、目を閉じたというのだ。

ここまでの泳ぎを見て、

「銅メダルは大丈夫だろう」

とは思ったが、気がつくと自分の脚がガクガクしている。行けるとは思っていても、もし最後にへばったらどうしよう、と不安だったのだ。

それほど緊張と興奮が高まっていた。私としては珍しいことだった。

礼子がゴールした。ひょっとすると、二位につけていたアメリカのマーガレット・ホルザー選手に届くかと思ったが、やはり緊張感で力が削がれ、思いのほか失速していた。

タイムは、二分七秒一三。日本新記録だった。

アテネ・オリンピックにつづいて、二大会連続の銅メダル。

これは、女子日本水泳競技史上、「前畑ガンバレ」で知られる前畑秀子選手以来、七二年ぶりの快挙であった。

「押しかけ女房」ならぬ「押しかけ選手」

礼子と最初に出会ったのは、彼女が中学二年生のときだった。

私が康介をコーチするようになったその年（一九九六年）の一二月、水泳連盟のインターナショナル合宿が富山であった。東京スイミングセンターの背泳ぎの選手を二人連れて行ったのだが、そこに茅ヶ崎中学の制服姿で現れたのが礼子だった。

練習を見ると、泳ぎがしっかりしていて、持久力の強い選手だった。

「大人しい子だな」

というのが第一印象だった。

ただ、背泳ぎはライバル選手も多く、インターハイ・全国での優勝はあったが日体大水泳部に入るまではそれほど注目もされなかった。入学後はしだいに頭角を現すようになり、アジア大会とかユニバーシアードといった国際大会での優勝経験はあったが、やはり世界選手権では決勝に残れなかった。

その後、なんどか会うたびに、担当コーチではなかったものの、なにかと相談を受けていた。本格的に相談を受けたのは二〇〇三年の「NEW!! わかふじ国体」のときだった。たまたまプールから宿舎に帰るバスで、礼子の隣の席に座ったのだ。

「来年のオリンピックに向けて、どうしたらいいんでしょう？」

と相談された。そのときに、「二〇〇を強くするのであれば、一〇〇をもっと、スピードつけなきゃダメだ」という話をした。

「よく考えて来年に向けて頑張らなければ、来年の標準記録は高いぞ」

とも言った。

そんなことがあって、なんどか話をしたあと、

「先生に見てもらえないでしょうか？」

という電話がかかってきたのだ。当時の私には康介がいてアテネをめざしていたし、ほかの選手の面倒も見ていた。とても見てあげる余裕はない、と断った。ところが、何

日かしてまた電話がかかってきて、「どうしてもお願いしたい」と言う。

そのときも断った。だが、その後三回目の電話があって、

「これは、しょうがないなあ」

と覚悟を決めた。

たまたま、大学では康介と同じクラスだということもあった。そこで、日体大の先生やコーチの方とも相談して、了解してもらえるならば引き受けるという話になった。

礼子は、「押しかけ女房」ならぬ「押しかけ選手」だったのだ。

自分自身へのチャレンジでもある上田春佳への指導

北島康介、中村礼子につづく選手として、私の生徒のひとりに上田春佳がいる。

春佳も女子自由形で北京オリンピックの代表選手として出場した。残念ながら決勝進出はならなかったが、二〇〇メートルで日本新記録をマークして活躍した。

この春佳も、なかなか個性的な選手だ。

彼女が小学生の頃からコーチをしているが、これほど怒った選手も珍しいのではない

かと思う。毎日のようにガミガミと雷の連続だった。とはいえ、春佳の場合は怒ったら怒っただけの結果を出してくる選手だ。日本選手権の選考会、予選、準決勝、決勝と、ちゃんと記録を上げてこられる実力も持っているのだ。春佳に中学、高校の頃のことを訊いたら、

「なんでこんなに怒られるんだろうと思ってたけど、最近になってわかることがたくさんあるんです」

と言う。

私は春佳だけでなく、若くて伸び悩んでいる選手には、たとえそのときに理解できなくても、言わなければならないことがあると思っている。

「いつか成長したらわかるから、ちゃんと人のアドバイスは聞かなきゃいけないよ」

と教えてきた。

春佳も二十歳になって、ようやく私の言うことが理解できるようになったようだ。

その春佳との出会いは、彼女が小学校六年生のときだった。三十数人の小学生を相手に練習を始めようとしたら、中に一人だけ後ろを向いて遊んでいる子がいた。

「先生が説明してるのに、なんで後ろ向いて遊んでるんだ！」

と怒鳴ったら、それが春佳だった。

したがって、まずは前を向かせて話を聞かせ、ちゃんと人並みに泳がせるというのが、彼女に対する指導の始まりだった。

むろん、春佳のいいところもたくさんある。康介の場合は、泳ぎのセンスはあったが、体が細くて体力がなかった。その点、春佳はセンスもそこそこあるし、体も大きくてタフだった。

康介が繊細さと芯の強さ、強靭《きょうじん》な精神力を持っているのに比べ、春佳は大らかで図太く、あまりストレスを感じないタイプだった。二人は両極端と言ってもいい。

教える立場の人間として、まったく違うタイプを指導してみたいと思っていたから、その意味で興味をそそられたのだ。

私が、コーチとしての幅をどれだけ広げられるか。

春佳を育てるのは、自分自身へのチャレンジという気持ちもあった。

ロンドンに向けて新たな夢

ただし、春佳を担当してみると呆れることも多かった。

友達同士の会話をそれとなく聞いていると、

「明日、髪の毛を赤くしてこようかな……」

などと、平気な顔で話していたりするのだ。中学三年生の頃にも、ちょっとした「事件」があった。練習のときに顔を見ると、眉毛が半分なくなっている。理由を訊くと、剃り間違えましたと答えるのだが、どうやら渋谷系のコギャルやタレントの真似をして剃っているらしい。

「おしゃれを楽しむのはいい。だけど、水泳で頑張るということは、人から尊敬されたり、真似されたりするような選手になることだ。人の真似をしないで、自分が真似されるような人間にならなきゃダメだ」

そう言って、国際試合にも出る選手としての心構えを諭《さと》した。きちんと理由を説明するとわかってくれるのだが、なにを考えているか油断はできない。

ある大会でベスト記録が出た。水泳連盟の強化合宿で、インターナショナルの記録をはるかに上回ったのだ。彼女が高校一年生のときだった。

「春佳、きょうのレースはどんなふうに泳いだ？」

　と訊いたら、

「適当に泳ぎました」

　と言う。

「バカヤロー！　先生が訊いてるのに、適当に泳いだ、はないだろ！」

　思わずそう怒鳴っていた。すると、

「きょうは最初から飛ばして、苦しくなってもガマンしようと思ってました」

　と言う。

「おまえ、なんで最初からそう答えないんだ？」

　春佳は、万事がそんな調子なのである。

　私は、康介が強くなったからといって、康介のようなタイプばかりを探して、指導するのはやめよう、と考えていた。まったく違うタイプの中から、明日の水泳界を背負っていく選手が出てくるかもしれない。

春佳のような選手に対しては、手練手管、虚実皮膜の駆け引きが、コーチとしての醍醐味でもある。

その春佳の先には、ロンドン五輪という未来が待っている。

第二章　選手から指導者の道へ

水泳の魅力に目覚める

水泳を始めたのは、小学校一年生のときのことだった。

私はもともと健康優良児で、足立区の代表として赤ちゃんコンクールに出たこともある。体が大きくて、よく食べたから、まん丸な体型をしていた。ところが健康診断で、「このままでは肥満児になるから、何か運動をしたほうがいいよ」と言われ、水泳を勧められたのだ。それが、水泳を始めるきっかけだった。

当時は、まだスイミングクラブやスクールの数が少なく、家の近くになかったので、駒込《こまごめ》にある「東京スイミングセンター」（東スイ）に通うことになった。のちに北島康介も通うことになるスイミングスクールである。

千住車庫から駒込行きのバスがあったので週に二、三回通った。最初は、親が引率してくれたが、そのうち日曜日などには一人で行くようになった。自分から進んで始めた水泳ではなかったが、決して嫌いなわけではなかった。

だが、四年生になる頃には、中学受験の準備のために塾通いをしなければならなくなり、東スイに通うのをやめてしまった。

しかし、それで水泳と縁が切れてしまったわけではない。

小学校では夏休みに水泳教室が開かれ、それに参加していた。このとき指導してくれたのが、ビートたけしさんの恩師であり、小説『菊次郎とさき』にも登場する藤崎先生だった。私が小学校二年生のときの担任だった藤崎先生は、優しくて面倒見のいい先生だったが、その半面厳しくて怖いところもあった。

大声で叱られたこともある。理由は定かではないが、たぶん私が隣の席の生徒と授業中におしゃべりでもしていたのだろう、

「平井！」

と怒鳴られ、怖くて教室から逃げ出したことがあった。結局、追いかけられてゲンコツを食らったのだが、いまでは見かけることが少なくなった、いわゆる熱血タイプの先生であった。

水泳教室に参加しているのは同学年が少なく、ほとんどが上級生たちだった。そんな状況の中で泳いでいる姿が、藤崎先生には危なっかしく見えたようで、何かと面倒を見

てくれた。厳しさの中にも優しさがあり、丁寧に教えてくれる。そんな藤崎先生に教えてもらうのが大好きだった。

平泳ぎの選手として、上級生たちに混じって夏の水泳大会にも出場するようになった。試合の後、みんなで食事をして帰るのも楽しみだった。そんな楽しみがあったから、水泳をつづけることができたのかもしれない。

そのおかげで、記録そのものは大したことがなかったが、着実に力がついて、自分の記録を少しずつ更新することができた。自分の力でひとつの壁を突き破ったら、今度はもうひとつ上のランクの壁に挑むことになる。それが自分なりのチャレンジでもあった。

もっとも親からは、

「おまえは壁が見えると詰めが甘くなって、いつも壁ぎわで負ける」

「最後は手を抜いてるんじゃないか」

と、しょっちゅう怒られていた。むろん、手を抜いているつもりなど毛頭なかった。

そんなとき、藤崎先生はつねに温かく見守ってくれていた。先生がいたからこそ、水泳の楽しさ、競泳の魅力を知ることができた。先生の姿や指導の仕方が、無意識のうちに私の体に刻みこまれているのではないか、と思っている。

藤崎先生に出会えたことは、私にとって人生の宝である。

水泳とは何かを知る

中学高校一貫校の早稲田中学に進み、私は水泳部に入った。

進学校だったこともあって、水泳部とはいっても、専任のコーチがいるわけではなく、先輩が選手とコーチを兼ねているのだった。

中学から高校にかけては、体が最も発達する時期なので、本来ならばきちんとしたスポーツ理論に基づいた練習が必要だった。持久力の練習をはじめ、きれいなフォームを身につける練習もしなければならなかった。

ところが実際は、指導者といえるような人の姿はなく、しかも弱小の水泳部では小さいころから水泳をしてきた私がダントツに強かった。仕方なく、先輩のコーチと一緒に自分たちで工夫してやっていくしかなかったのだ。

しかし、それでは、まともな練習になるはずがない。選手の泳ぎに合わせた練習メニューがあるわけでもなかったので、持久力はつかず、フォームも決まらないままだった。

そこで、先輩と話をし、「ちゃんと練習を組んで下さい」とお願いし、本格的にトレーニングが始まった。ところが、進学校は高校二年の夏で選手は引退してしまう。その頃家の近くに「セントラルスポーツ」というクラブができ、秋からそこに通うようになった。

新しくできたクラブなので、ほとんどが小学生や中学生の選手だった。それまでの経験の差もあったから、試合となるとたいてい私が勝っていた。ところが、持久力のトレーニングになると、彼らについていくのがやっとだったのだ。

やはり正式なクラブとなると、泳ぎを伸ばすために組まれた練習メニューが用意されている。それは質的にも量的にも、それまでやってきた内容とはまったく違っていた。

そのクラブで初めて、水泳というものの基礎を学ぶような思いだった。

「これじゃ、小さい頃からスイミングクラブに通い、きちんとメニューに従って練習を積んできている子供たちに敵《かな》うわけがない」

そう思わざるを得なかった。

クラブでは、二人のタイプの違うコーチに教えてもらった。一人は、ものすごく真面目で、論理的に丁寧にわかりやすく教えてくれるタイプ。もう一人は、言葉遣いは悪いし、教える態度にもいい加減なところがあったが、妙に人気のあるタイプだった。私はどちらかといえば論理的でシステマティックな指導を好む性格だったから、前者のコーチの教えを受けながら、水泳の基礎を叩きこまれた。

「ああ、これが水泳なんだな」

と、改めて水泳とはなにかを知ったような気がした。

それまで自己流にちかい形でやってきた水泳が、プロのコーチの教えによって、目を開かれた思いがしたのである。

コーチされる立場から、する立場へ

コーチされる立場から、する立場になったのは、早稲田大学に進んでからのことだった。

私が水泳部に入部した当時は、マネージャーがコーチの役割も兼ねていた。しかし、そのマネージャーが卒業し、私が二年生になったとき、新たに角間三雄さんという方がコーチに就任した。

角間さんは、後にバルセロナ・オリンピックのときに日本のナショナルチームのコーチを務めた人で、当時、ロサンゼルス・オリンピックに向けて有望な選手を勧誘していた。

その新人をオリンピック選手に鍛え上げるために、マネージャーが必要だということで、

「誰かマネージャーになってくれ」

と角間さんから要請があったのだ。最初に要請されたのは私の同級生だったが、彼が断ったために、結局、私のところに御鉢がまわってきた。

最初は、断ろうと思った。

冷静に考えて、マネージャーと選手生活は両立しない。マネージャーになれば、選手たちのトレーニング計画を立てて、それをしっかりと管理しなければならない。その他にも、さまざまな実務的な雑用もこなさなければならないのだ。いま以上に忙しくなる

から、選手として泳ぎつづけることは断念せざるをえなかった。

「泳げないなら水泳部をやめてしまおうか？」

そう考えたりもした。

選択肢としては、選手かマネージャーかの二つ。だが、私が断ったら、もう他に引き受ける人がいないという厳しい状況でもあった。

私は、決断を迫られた。

そんなある日、相談がてら飲みに行ったときに、高校時代の同級生が、

「俺は、早稲田の水泳部に入った平井を誇りに思ってる。選手であろうが、マネージャーであろうが、水泳部の一員には違いない。そのまま水泳部で頑張れよ！」

そう言ってくれたのだ。

その言葉に勇気づけられ、背中を押されて決心をした。

かくして私は、大学二年の終わり頃からマネージャーを務めはじめたのだ。

マネージャーとしての自信

マネージャーを始めてみると、選手たちとの関係ががらりと変わった。

合宿などでは練習が終わると、みんなが一緒になって昼寝をする。マネージャーになる前は、自分がそこにいても何の違和感もなかった。ところがマネージャーになったとたん、

「おまえのために、俺らは厳しい練習に苦しまされてるんだ」

といった気まずい雰囲気が漂って、最初のうちは居心地が悪かった。

「こっちだって、好きでやってるんじゃない」

そう反論したかった。

だが、そのうち少しずつマネージャーの面白さが実感できるようになった。選手たちの泳ぎを見ているうちに、それぞれの心理や性格が手にとるようにわかってきたのだ。

「ああ、ここではこいつ我慢強くやってるな」

「何かを、究めたな」

そんなふうに、選手の泳ぎから心理状態が読めるようになった。

また、プールの外から選手を見ているると、プールで一緒に泳ぎながら見ていたときとは違って、新たな発見をすることもあった。

「こいつ、こんないい泳ぎをしていたんだ」

そう思わされたことも一度や二度ではなかった。マネージャーとしてプールを俯瞰すると、選手も含めて、景色全体が明らかにそれまでとは違って見えるのだった。

さらに、素質の差というものがあることにも気づいた。推薦で入ってきた二人の後輩は、飛び抜けた素質があって、泳ぎが他の選手とはまったく違っていた。また、私の一つ先輩の二人の選手は、みんなと同じ練習をしていても、

「この人達がもっと練習を頑張ってやってくれたら、きっと強くなるのになぁ」

と思わせるものがあった。

そうして練習を見ていて感じたことを、マネージャーとしては練習が終わってからみんなに伝えなければならない。「今日の練習では、こうだった」と指摘するのだが、先輩には「偉そうに……」と言われそうで、最初は気持ちが重かった。

しかし、泳いでいる選手自身にはわからなくても、客観的に見ているマネージャーだ

けにわかることが間違いなくある。それはどうしても伝えなければならない。それがマネージャーの役割でもある。

「マネージャーになってよかったのかもしれないな」

そう思えるようになったのは、角間コーチに「面倒を見るように」と言われた奥野景介選手がロサンゼルス・オリンピックの選考会で優勝したときのことだった。

水泳部の仲間も、一緒に練習している仲間からオリンピック選手が出たということで自信をつけ、勢いづいた。

コーチにしても選手にしても、こうした確かな手応えがあると、モチベーションが違ってくる。毎日の地道な練習の積み重ねはもちろん必要だが、目に見える形での手応えも必要なのだ。

私はそれまで、水泳が好きでつづけてきたが、オリンピックは自分とはまったく関係がない別世界のことだと思っていた。自分からオリンピックを意識することは、まるでなかったのだ。

選手時代には自分の思い描く未来の延長線上に、オリンピックなど考えられなかった。

しかし、マネージャーをしていれば選手とともにオリンピックの夢に向かっていくことができる。そう確信できたことで、マネージャーとしての役割に自信が持てるようになった。

自分自身の新たな夢の道が開けたような気がした。

現場にこそ答えがある

大学の卒業を控えて、就職の時期がきた。

好きな水泳の仕事の道を選ぶか、安定した大手企業を選ぶか、自分の頭の中ではそんな問いかけをする日々がつづいていた。

ある日、銀座にオフィスを構える石炭会社に勤務している大学のＯＢにお目にかかる機会があった。そのＯＢの会社は、その方が就職したときには日本のトップ企業であったが、当時はもう業績が低迷している状況だった。

私が就職活動で迷っていることを知って、

「いま順調に業績が伸びている会社でも、将来はつぶれるかもしれない。だったら、好きなことができる会社に行け」

とアドバイスしてくれた。なるほどと思った。毎日、満員電車でネクタイ締めて通うのも嫌だなと思っていたのだ。

「どうせ仕事をするんだったら、自分が好きで一所懸命に打ち込める仕事をしよう」

そう考えて、悩みぬいたあげく、すでに決まっていた大手生命保険会社の内定を断ってしまった。しかも、両親の反対も押し切って東スイに入社したのだ。

今まではアマチュアだったが、ここからはプロのコーチとしてのスタートになる。

早稲田大学で水泳部のマネージャーをしていたときには、角間コーチから多くのことを学んだ。東スイでは、青木剛先生から最も大きな影響を受けた。青木先生に、初めて会ったとき、いきなりこんなことを訊かれた。

「お前、彼女はいるのか？」

「はい」

私がそう答えると、青木先生はきっぱりと言った。

「そいつと別れろ」

「なんでですか？」

思わず、そう訊きかえした。

「いいか、人間が人間を指導するのだから、ときには過ちもあるかもしれないが、コーチというのは情熱をもってやらないとできない仕事なんだ。最初から遊びのつもりでいたんじゃ、競泳のコーチなんて務まりっこないぞ」

青木先生としては、何よりも先に覚悟を決めて欲しかったのだろう。私は決意を新たにせざるを得なかった。

東スイでの仕事は午後からが多いので、普通は昼ごろの出勤になる。だが私は、将来自分が選手を持ったときに困らないように、今のうちに勉強しようと思い、九時ごろには出勤した。図書館にいるようなつもりで、いろいろな資料を調べたりした。

そこで、トレーニング法にも多種多様なものがあることを知って驚いた。また、東スイに伝統的に伝わる指導コーチのトップであった小柳先生の言葉として、

「水泳にとっていちばんの基礎は、忍耐力と克己心だ」

という教えがあることも知った。さらに青木先生からも、

「小柳先生がずっと言われていたのは、選手自身を知ること、才能を見極めることといった、いつの時代でも普遍的なことだ」

そう教えていただいた。だが、それにはどうしたらいいのだろうか。

そんな疑問に答えを与えてくれたのも青木先生だった。

「とにかく、いつでもプールサイドに立つようにしろ。答えはつねに現場にあるんだ」

つまりは、「現場主義」の教えである。現場に身をおき、常に選手に接しているからこそ、わかることがあるのだ。

青木先生のその教えを、いまでもコーチの原点としている。

指導者は謙虚な心をもて

コーチとして私がオリンピック選手を輩出することができたのは、もしかしたら自分が選手としてはほとんど実績がなかったからかもしれない。大学三年生のときに、奥野が入ってきたときも、不思議と嫉妬は感じなかった。

自分でもある程度の成績を残したことがあれば、指導する際にどうしても自分の体験が含まれてしまう。その体験の「負」の部分、こだわりやコンプレックスが、眼鏡を曇らせてしまうことはあり得る。自分の目の前の選手をあるがままに受け入れる「謙虚」さが大切なのだと思う。

東スイの大先輩である青木先生からは、こんな教えも受けた。

「コーチとして選手を指導するときには、まず大胆な仮説を立てろ」

というものである。

選手をこんなふうに育てたいとか、こんな泳ぎをめざしたいとか、まずは仮説を立て、それにはどんな解決すべき課題があるのかを見つける。その上で指導しなければいけないと教えられたのだ。

ともすると、元選手だったという人がコーチになった場合、固定観念ができてしまっていることが多い。たとえばスタートはこうでなければいけない、泳ぎはこうあるべきだ、という先入観で見てしまうのだ。それを判断基準にして選手を見るから、

「なんでこんな泳ぎしかできないのか」

といった不満をもってしまいがちになる。

その固定観念をみずから崩して、新しい仮説を立て、選手を目標に向かって導いていける人は、指導者として大成できるのではないか。だが、そこがなかなか難しいところで、どうしても自分の経験が邪魔をしてしまうケースが多いのだ。

私の場合は、選手時代にも水泳を専門的に教わったことはあまりなかった。スタートはどうやって構えたらいいのか、膝は曲げたほうがいいのか伸ばしたほうがいいのか。自分なりに工夫し、いろいろと考えながら試行錯誤を繰り返していた。幸いにも、私には固定観念がほとんどなかったのだ。

東スイで最初に初心者の指導を担当したことも、私にとってはラッキーなことだった。相手は当然、水泳の初心者だから泳げない。泳げない子に水泳の「イロハの、イ」から教えるのが仕事だ。

パートタイマーのコーチの中には、

「君は、なんでこんなことができないんだ!」

と怒ったりするコーチがいた。

そんなシーンを何度か目の当たりにして、初心者を叱りつけるのは、まさに愚の骨頂だと思った。そもそも泳げないから、教わりに来ているのだ。まずはそのことを前提として教えることこそが大切なのではないか、とつくづく考えさせられた。

そのためには何が大事かといえば、やはり初心者と同じ目線で向き合うことである。変なプライドや実績などを忘れて、とにかく謙虚になること。誰でも最初は泳げなかったのだから、自分が初心者だった頃のことを思い出せば、自然に謙虚な気持ちになれるはずだ。

生徒たちに向かって上からものを言うような態度は、反発を買ったりするだけだ。上から目線や、腹を立てて怒鳴るだけでは思うような指導はできない。初心者に限らず、どんな人を相手にする場合でも、指導者はまず謙虚な心をもつ必要がある。

それが、指導者としての「イロハの、イ」であることを忘れてはならないと思う。

攻めのコーチングから待ちのコーチングへ

コーチとして初めて選手を指導するようになったのは、二五、六歳の頃だった。

選手たちから見れば兄貴分みたいな感じだったからだろうか、私が教えることはみんな素直に聞いてくれた。その結果として、記録が驚くほど急激に伸びたのだ。

そうなると、コーチである私を選手の親たちはチヤホヤしてくれる。私より一〇歳は年上である保護者たちが、自分の力量を認めてくれたと思うと悪い気はしなかった。

ところが、逆にちょっとでもうまくいかなかったときは、その反動がくる。まるで手のひらを返したように責め立てられるのだ。試合で記録が伸びなかったりすると、それこそケチョンケチョンに貶《けな》されてしまう。

そんなことで悩んだ時期もあった。

それとは反対に、才能のある選手が出てくると、どうしても自分でコーチをしたいから、みんながその選手にチヤホヤする傾向になることがある。これまでの経験から、私はそれだけは避けようと思っていた。

「速い選手も遅い選手も、みんな一緒なんだ」

という気持ちでトレーニングしていかなければならない。ある選手だけを特別扱いすれば、結局はその選手が周囲から妬《ねた》まれるし、コーチも他のコーチから妬まれることになる。何もいい結果につながらないのだ。

選手にしてみれば、コーチから、

「お前は才能があるから頑張れ」

と言われて認められたら、悪い気はしないはずだ。それがわかっているから、コーチとしてはついつい口に出したくなる。だが、本気になって育てようと思ったら、しばらくは黙って見守ってやるべきではないかと思う。

選手がある一定のレベルに達するまで、じっと我慢して待っていたほうがいい。伸びる選手は必ず頭角を現すし、やがてはそれを選手や親などのグループも認めるようになる。そのときになって初めて、認めてやり褒めてやればいいのだ。

「こいつはきっと強くなる」

そう思いこむことも、ときには必要かもしれない。だがそれと同時に、もうちょっと客観的に眺めながら、待つという姿勢が大切なのではないか。そう思うようになった。

それまでの「攻めて、攻めて」というコーチングから、「待ちのコーチング」へ。

私のコーチング・スタイルが変化してきた。

周りもその気にさせる

私が北島康介に出会ったのは一九九六年、彼が中学二年のときだった。

身体が硬く、物静かだが、目にものすごく力のある子というのが第一印象だった。とくに記録的にズバ抜けていたわけではなく、たくさんいるジュニアの選手の中の一人にすぎなかった。

アトランタ・オリンピックが終わって、東スイではコーチが集まり、二〇〇〇年のシドニー・オリンピックに向けて育成すべき選手について検討をはじめた。私は、アトランタ・オリンピックには教え子を送り出すことができなかった。

その失敗を踏まえて、こう考えていた。

「オリンピックに出場するのは選手だが、その選手にはコーチの夢も重なる。本当に自分を信頼して、すべてを任せてもらえるような選手でないとコーチはできない」

オリンピックをめざそうとしたときに、最後に必要となるのは、絶対に諦めない精神的な強さだ。そうした要素をちゃんと持っていて、しかも「こいつだったら！」と自分が思えるような選手でなければならない。そう考えていた。

そんな観点から、私は北島康介を推した。すると、他のコーチたちから予想していたような、疑問が呈された。

「なんで、北島なんだ？」

「あんなに身体が硬いんじゃや、記録もそう伸びないんじゃないの？」

だが、私には確信があった。康介は練習では決して強くないが、試合になると目つきが変わり、ものすごい集中力を発揮する。練習のときとは別人のように強くなるのだ。今まで見てきた選手とは明らかに違うタイプだった。

その目の輝きに賭けたいと思った。

私は「康介ならできる」と強く主張した。その熱意に、他のコーチたちも折れてくれた。問題は、康介にいつオリンピックの話をするかということだった。

その機会はすぐにやって来た。康介が全国中学大会の一〇〇メートルと二〇〇メートルで優勝して帰ってきたとき、いまが声をかけるチャンスだと思った。

「康介、おまえ、オリンピックに行きたいか？」

「先生、そりゃ行きたいですよ」

「じゃ、一緒にめざそうじゃないか」

それで決まった。康介には水泳にすべてを賭けてもらうために、高校進学は東スイに近い高校を選んでもらいたいし、練習後の塾通いもやめてもらいたいと伝えた。そして練習のあと、週に一回木曜日にはジムに通い、腹筋運動、ストレッチング、簡単なウエイト・トレーニングなどを一緒に習いはじめた。

やがて、周りの選手たちの間から、こんな声が上がり始めた。

「なんで、北島だけなの？」

妬みが出てきたのだ。

「みんなにも指導してあげたいと思ってるんだけど、それにはお手本が要るじゃないか。だから、私がいちばん若い康介と一緒に行って、トレーニング法を習ってるんだ」

そう言って、納得してもらった。

康介の母親は、康介の泳ぐ姿をずっとビデオに撮りつづけていた。そこでコーチの参考にするために、今後は撮ったテープを全部私にもください、とお願いした。

「あとでオリンピック選手とかに選ばれたときに、いい記念にもなるし、私も残しておきたいので……」

そんなふうに、さりげなく伝えたつもりだった。

オリンピックをめざすとは明言しなかったが、ビデオ撮影をお願いすることで、一蓮托生でやっていきましょうという意思を伝えたかったのだ。

「三年間で、一〇〇メートルで四秒、二〇〇メートルで一〇秒短縮する」

東スイのミーティングにおいて、そう公約した。

その公約を果たすためのコーチングが、そのときから始まった。

第三章 見抜く力

指導の前に、まず選手の特性を見抜く

泳ぎには、選手の性格が出る。

ムラ気があったり、諦めが早かったり、気が弱かったりする性格的な部分が、ちゃんと泳ぎに現れてくるのだ。特性には「身体的特性」と「精神的特性」があるが、それぞれの選手の泳ぎを見ながら、精神的な特性を知って対処法を練ることもコーチの仕事である。

練習のいちばんハードな場面になったとき、

「チャレンジしているのか」

「それなりにながしてやっているのか」

「究めるところまで達しているのか」

泳ぎ以外の心の動きまで見とおさなければならないと思っている。

たとえば試合で緊張して、プレッシャーに負けてしまう選手は、同じように練習でも本人の中であるレベルを超えると諦めてしまうタイプが多い。あくまでもチャレンジし

ていって、それで結果がダメなら仕方ないと思うのだが、最初から諦めてしまう選手や、スタートから手加減してくる選手がいるのだ。

したがって、試合のためのメンタルトレーニングは、すでに練習のときから始まっている。四〇分から五〇分というメイン練習をしているときに、選手の中で常に心の葛藤があるのだ。選手が抱えている課題は、練習の中で解決していかない限り、試合でも解決はできない。練習と試合の傾向は、いわば相似形ともいえる。

ただし康介のように、全力を出すことが当たり前にできる選手の場合は、メインの練習量はできるだけ少なめにしている。練習で頑張りすぎるタイプには、

「これ以上、頑張っちゃいけない」

と私のほうから止めることもある。

反対に、礼子や春佳のようなタイプは、近くにいて常に叱咤激励してくれる存在がいないと、頑張れない。こうした選手には、制限記録をつくって、それをクリアできるまで何度でもやり直しをさせる。

その他にも、選手によって、一本一本の泳ぎの記録を点数化して、合格点を超えなけ

れば終わりにはさせない、という方法をとることもある。選手の特性を見抜き、それに合わせた練習方法を選択している。

同じことを康介にやらせたら、最初の一本を頑張りすぎて、次はゼロ点の泳ぎしかできなくなる。康介は、じわじわ頑張るのがあまり得意ではない。集中して、瞬発力で一気にガッと力を出すタイプなのだ。

見抜こうとしているのは、指導者だけではない。選手もこちらの心を見抜こうとしているのだ。私は康介の心を読みながらコーチしているが、じつは康介のほうも私が何をしたがっているか読んでくる。

「コーチはいま何を考えているか」

それを感じ取ろうとしてくるのだ。そんな気持ちの読みあいがあるから、

「いまは話しかけられたくないだろうな」

と感じたら、お互いに黙っている。他のチームの人から見たら、おかしな人間関係にみえるかもしれない。

選手の特性を知る努力もするが、コーチの特性も知ってもらいたい。

できれば、お互いにわかりやすい人間でありたいというのが本音である。

成績より、人間を見よ

水泳選手にも、さまざまなタイプの人間がいる。

国体や国際大会といった公式試合に出場する選手の中にさえ、挨拶がいいかげんだったり、人に対してきちんとしたお礼が言えないような選手がいる。

またプールの中でも、思ったような記録が出なくて、タッチ板を殴りつけた選手もいるし、練習中に波があって泳ぎにくいとか、他の選手の手が当たったから泳げなかったなどと、自分の成績が伸びないのを環境のせいにしたり、人のせいにしたりする選手もいる。そういう人間は、問題の本質から逃げることになれているので、結果伸びない。

「じゃ、おまえは波をつくってないのか」

「おまえの波で困っている選手もいるぞ」

そう言ってやると、ふくれっ面をするだけで全く反省しない選手もいる。

むろん、家庭環境や両親のしつけの問題もあるだろう。だが、水泳競技の場においては、コーチの責任も大きいのではないかと思っている。

私がまだ駆け出しのコーチであった頃のこと。日本水泳連盟の名誉会長である古橋廣之進氏が、選手に対して事あるごとに「挨拶、言動、礼儀」について苦言を呈しているのを耳にしていた。

ご存じの方も多いと思うが、古橋氏といえば、戦後の水泳界で次々と世界記録を打ち立て、「フジヤマのトビウオ」とも呼ばれた水泳界の重鎮である。

当時の私は、古橋氏の言葉を十分に理解していたとは言えないが、氏が選手たちに教えたかったのは、

「その競技のトップになるということは、成績がトップだというだけでなく、人間としてもトップをめざさなければいけない」

ということだったのではないか、と気づいた。

私たちの周りを見ても、トレーナーやドクターなどのスタッフはもちろん、施設の管理者や遠征先でお世話になる人など、さまざまな方々の協力なしには練習も試合もできない。そうした人々への感謝や礼儀、挨拶を忘れてはならないと思う。

康介や礼子、春佳には、これまでもずっと、

「世の中には老若男女、いろんな方がいらっしゃる。その方々から認められるような人にならないと、一人前とはいえない」

というアドバイスをしてきた。

トップスイマーをめざすには、そうした基本的な心構えが必要なのである。

水泳を究めたり、何かを究めるということは、「人間力」を究めることでもあるのだ。

五輪は素質だけでは通用しない

「オリンピックに行ける選手とは、どんな選手なのか？」

そんな質問を取材で受けることが多くなった。

肉体的素質や泳ぎのセンスがあるに越したことはない。だが、それだけではオリンピックという大舞台には通用しないのだ。

事実、私が康介をコーチしはじめた頃は、ガリガリに痩せて体も硬かったし、泳ぎのセンスも飛びぬけていたわけではなかった。どちらかというと、泳ぎには向かない体だ

った。ところが、一対一のときはもちろん、練習中に私が他の選手を指導しているときでも、ジーッと私の目を見つめて全身を耳にして聞いているのがわかった。

「康介はものすごく吸収力がいいやつだな」

そう思った。

オリンピックを狙うためには、肉体的にも精神的にも、さまざまな重圧に耐え、それを克服しなければならない。極限状態にも似た苦しさや、メダルをめざすプレッシャーにも耐えぬかなければならないのだ。

「もしかしたら康介なら、その重圧に耐え、みんなの期待を背負っていける強さがあるのではないか」

康介の真剣な眼差しを見て、そう感じた。

最終的に必要になるのは、やはり「精神力」であることは間違いない。コーチとしての課題は、それをどうやって中学生だった康介や、小学生のときの春佳に伝えるか、どのように持っている強さを引き出すか、ということだった。

具体的なコーチングのコツは、褒めることだろう。コーチから評価されて嫌な気分になる選手はいない。泳ぎを見て、まず最初に「ここが良かったよ」と伝える。指導して改良されたポイント、記録が伸びたことを褒めるのだ。そのあと、「でもね」とつづける。

「こういうところを直していけば、もっと良くなるよ」

と教えるのだ。「ここはダメだった」といった否定的な言葉は遣わない。

あくまでも肯定的に、「自分の弱点や悪い部分は、こうして直せばもっと伸びる」と、そこを指摘してやらなければいけない。その上で、どうやって直すか、その方法論を具体的な課題まで掘り下げてやると、選手も聞く耳を持ってくれるのだ。

選手は練習の中で試行錯誤を重ねながら、少しずつ成長していく。努力をして、新たな課題を発見し、それを克服することで自信をつけ、精神的な強さも身につける。小さな失敗と成功の積み重ねが、強い人間を育てていくのである。

伸びる選手とは周りが伸ばそうとしてくれる選手

選手の成長は、けっして直線的ではない。

一般的に言えば、身体的な素質や泳ぎのセンスで、ある一定のところまでは順調に伸びていく。ところが、体の発達が止まり、単純な練習の繰り返しでは伸びなくなる時期が必ず来るのだ。

そのときに、コーチとして何をしなければいけないのか？

じつは、ここで選手の「感性」を磨いていく努力をしなければならない。私は、日頃練習のときに、

「今日はこのテクニックを直そうと思うんだけど、今泳いでどんな感じだった？」

などと尋ねるようにしている。

選手はつねに考えながら泳いでいるわけではないが、水をつかめたか、つかめなかったかは感じている。そこを意識して泳げるかどうかで、練習の意味合いが変わってくるのだ。

最初のうちは「よくわかりません」「あまり感じませんでした」などという答えが返ってくるだけだが、なんども質問を繰り返しているうちに、

「今日はすごくお腹に力が入って、水がちゃんとかけてます」

といった返事が返ってくるようになる。

こうなると、コーチから言われたとおりに半ば強制的にやらされていた練習が、きちんと意味づけられ、何倍もの密度の濃さになってくる。練習中とかレース後の感覚を尋ねて、私の指導していることと選手の感覚、実際のテクニックをどうやって一致させていくかが大切になってくるのだ。

伸びていくためには、その選手自身が自分の「感性」をどこまで磨いていけるかどうか、そこがポイントになるといえるだろう。

ただし、レースが終わったあとなど、選手同士でしゃべっている姿を見て、傲慢な態度をとっている選手は、なかなか伸びていかない。「おれが一番だ」と思って勘違いしているやつや、ひねくれているやつ、自分の話ばかりするやつは、たいていどこかで伸びが止まってしまう。

水泳という競技は、チームスポーツではないが、一緒にトレーニングしている仲間をはじめ、コーチやトレーナーがどんな人間なのか、お互いに認めあったり協力しあったりする関係が大切である。

そこでいい関係を保っていける選手のほうが、強くなれるし、伸びる芽があるのだ。一人だけで伸びていける選手なんか、どこにもいない。みんなに「協力してやろう」と思わせる選手にならなければいけないのだ。

伸びる選手とは、周りが伸ばそうとしてくれる選手でもある。

心・技・体のバランス

すべてにパーフェクトな選手などいない。

選手と出会ったときに、「身体的特性」「泳ぎ」「精神力」のどこが優れているかを、まず見るようにしている。

もちろん選手の個性は、それぞれに千差万別である。もともと泳ぎがよくて、体も柔らかいが、精神的なものがまだまだ磨ききれていない選手もいるし、反対に泳ぎのセンスはいまいちでも、精神力が強く、素直な性格のため技術を人一倍体得できている選手もいる。

体が大きくて筋力があれば、簡単に習得できるテクニックもあるし、また、精神力で引き上げていかなければならない挑戦もある。それを、どんなふうに補っていくかが問題なのだ。

そうした要素がいくつかある中で、「身体的特性」「泳ぎ」「精神力」のそれぞれを掛け算して、いちばん大きくなりそうな育て方を選択している。

康介の場合も、実は心・技・体の中で「体」である「身体的特性」の部分が、いちばん劣っていた。

他の少年より痩せていたし、体は硬いし、故障も起こしやすかった。その欠けているところ、足りないところをうまく補いながら、時間をかけて残る「心・技」を伸ばす指導をつづけてきたのだ。

若いうちは体力とかパワーで泳ぐことはできるが、ある程度の実力がついてくると、こんどはその体を心が支えていかないと伸びていかない。

水泳競技では、記録が先行してしまうケースが意外に多いのだ。たとえばある選手の場合、記録と成績が先行してしまい、心の部分がついていかないということがあった。伸びが途中で止まってしまったのだ。

指導する立場としては、つねに「心・技・体のバランス」に気をくばり、強くなった理由を見つけて話しあったり、目標を与えて努力を促していくことが大切だと思っている。

康介が中学三年生のときの、こんなエピソードがある。

当時、康介の練習を見ていて、ジュニア・オリンピックで中学記録が出そうになったことがあったのだ。周りの人たちも、

「この調子でいくと、中学記録が出るだろう」

と騒ぎはじめた。

だが、それまで学童記録を出した選手を何人も教えていた私の経験からして、変に注目を浴びてほしくなかった。チヤホヤする外野が増えると、かえって面倒なことになる。

そこで、試合前の練習を厳しくした。うまく泳げていると思っても、

「やり直し！」

と声をかけ、いつもより負担をかけて疲れさせる作戦を実行した。

調子をわざと落とさせたおかげで、試合では中学記録にも及ばず負けてしまった。康

介には申し訳ないことをしたが、正直に言えば、「負けてよかった」と思う。ストレートにオリンピックをめざさなければいけない時期だった。中学記録程度で浮かれている暇はなかった。四年間弱という短期間でオリンピックを狙う選手をつくることが先決で、寄り道している場合ではなかったのだ。

このとき中学記録を獲らせていたら、おそらく「心・技・体のバランス」は狂ってしまっただろう。

私たちは、もっと遠くを見つめているんだ、という気持ちがあった。

簡単にすぐ伸びるのが才能ではない

「スポーツ選手は、自分の持って生まれた才能を開花させる義務がある」

ある本の一節に、そんな言葉があった。

どこに書いてあったかは忘れてしまったが、最初に読んだときは、

「ということは、才能のない選手は人一倍の努力をしなければいけないのだな」

と思っていた。

康介や礼子を例にあげれば、彼らが年少の頃に「天才」などと言われたことは一度もなかった。私が最初に康介の担当コーチになったときも、周りからは反対もされたし、冷ややかな目で見られていた。

才能があると言われはじめたのは、ごく最近のことである。それは、彼らの才能が地下深く潜ったところにあったからだ。

簡単にすぐ伸びる選手が才能のある選手だと私たちは勘違いしやすい。しかし、ある程度の才能はみんなが持っているのだと私は思う。ただ、その鉱脈に辿りつくまで掘り下げる努力がコーチにも選手にもつづかないことが多い。時間をかけ、手間暇をかけて発掘しないと未知なる鉱脈を見つけられないのだ。

その才能にも、わかりやすい才能とわかりにくい才能がある。たとえば、オーストラリアの石炭の露天掘りは、石炭のある場所がわかりやすいし掘りやすい。ところが、日本の旧三池炭鉱のような場所だと、どんどん地下に潜っていかないと石炭や鉱脈に辿りつけない。

地中深くにある石炭を掘り出すのは大変で、手間暇がかかってしまうが、信じられないような大鉱脈を発見できる可能性も秘められている。

発掘作業は地味で根気のいる作業の連続である。だが、石炭だと思っていたら、

「ダイヤモンドだった！」

という発見があるかもしれない。

コーチとして選手を見抜く目は、そこで試されるのである。

やる気は目で見分けろ

「目力《めぢから》」といったらいいだろうか。

選手を指導するとき、やる気のあるときは純粋な目をしたり、ランランと輝いているときもあるし、澱んでいるなと思うときもある。目は、選手のやる気を見分ける重要な判断基準になるのだ。

練習中はゴーグルをしているから、目を見るのはなかなか難しいが、練習前後には単純にタイムとか練習態度だけではなく、選手の表情を見ると同時に、できるだけ目を見るようにしている。

たとえばこちらが何かアドバイスをしたときに、グッと睨んできたりする選手もいる。そんな「目力」のある選手に出会ったときは、「こいつ、やる気があるなぁ」と感じるのである。

プールサイドで話をしていても、どんな「目力」を持っているかが、その選手の力量なり才能なり、やる気を判断する大きなポイントになる。かりに、教えているときに、

「ああ、こいつの目は死んでる」

と思ったときは、選手にコンディションの具合や、やる気があるかどうか訊くことにしている。「やる気があるのか!」と怒鳴ることもあるが、練習してもムダだな、と思うときは躊躇なくやめて家に帰してしまう。

そのままの状態でつづけても、周りのモチベーションも下げるし、私も選手もお互いに気分が悪いままになる。練習にも力が入らないから、選手自身のためにもならない。

「もう帰っていいよ。お互いの時間のムダだし」

そう突き放すことにしているのだ。

選手というのは不思議なもので、本当にやる気のあるときは目の輝きが違っている。

徐々に伸びるのではなく、一瞬でグンと伸びるときがあるのだ。そんなときは、やはりいい顔、いい目をしている。

春佳の場合にも、こんなことがあった。

「こんどのレースは、ここに気をつけてやりなさい」

と指導すると、背の高い春佳が私を上から見下ろすように、でかい目玉でグッと睨みつけてくる。こいつは、やる気になっているな、と思った。

ところが、今年（二〇〇八年）一月に東スイでおこなわれた公認記録会では、〇・一秒か二秒の差で日本記録が出なかった。次にもう一種目、一〇〇のレースがあったが、春佳を呼んで「一〇〇は棄権しろ」とアドバイスした。体力を温存して、全部の競技が終わったあと再度おこなわれる「チャレンジレース」で、もう一回二〇〇に挑戦させたかったのだ。

春佳は渋っていたが、そのときの彼女の「目力」に賭けてみようと思った。オリンピック・イヤーの年に、ここでいい記録が出せたら春佳の自信にもなる、と考えたのだ。このタイミングしかなかった。

その読みが当たった。短水路（二五メートルプール）の女子二〇〇メートル自由形で、一分五六秒四九の日本新記録をマークしたのだ。

プールから上がった春佳を見ると、康介の取材に来ていた新聞記者の人たちが、彼女のところに集まっている。「日本記録保持者」としてインタビューを受けていたのだ。

「平井先生にやれと言われてやったんです。泳いで良かったです」

などと答えている。

取材していた記者の方が、「顔つきが変わりましたよ」と驚いていた。本当にそのときの春佳の目はキラキラと輝いていたのだ。

このレースが、自信をつけたのだろう。六月には「ジャパンオープン競泳大会」の女子二〇〇メートル自由形で、一分五七秒七五の日本新記録をマークした。この記録は、千葉すずが一九九九年に樹立した日本記録を、九年ぶりに一秒〇三も短縮する快挙だった。

やはり、目は口ほどにものを言う、のである。

集中力の先を見とおせ

それぞれの選手に「能力」の差はたしかにあるだろう。だが、本番で力を発揮するのは「集中力」の差ではないか、という気がする。

たとえば、北京五輪で八個もの金メダルを獲得したマイケル・フェルプスのような超人的な選手なら「能力」の違いはあきらかだろう。だが「能力」にそれほどの開きがないとしたら、あとは「集中力」の差、水泳に特化しようとする意志の問題になってくる。

康介をシドニーに出場させたときは、私にとっても康介にとっても、まさに正念場であった。彼はまだ高校三年生だったから、学校を休ませてまで合宿に連れて行き、メダルをめざして集中的に練習をさせた。

シドニーでは、もう一歩メダルに届かなかったが、周りの人に、

「シドニーには行けてよかったけど、すごい苦しかった」

と弱音を吐いていたという。

まだ若かった康介にとって、集中力の先にあるものが掴みきれていなかったのだろう。

その後、二〇〇一年になって福岡で開かれた「世界選手権」で金メダルを獲り、その

他の大会でも順調に結果が出せるようになったときに、

「先生、水泳って楽しいですね」

ポロッと言ったのだ。

おそらく、それまでの康介は友達と遊びたい気持ちもぐっと抑え、水泳の道を突き詰めるために我慢することだらけと思っていたに違いない。ところが、集中したその先を突き抜けると、これまでとはまったく別の世界が広がっていることに気づいたのだ。

そこに気づけるか気づけないか、そこまで行けるか行けないかが問題なのである。

選手の「集中力」ということでいえば、そこに尽きると思う。自分の得意なことに本当に集中できるかどうか、それに賭けられるかということなのだ。礼子や春佳にも、

「何が得意なんだ」

と訊けば、

「水泳です」

と答える。だったら、変な誘惑に負けず、水泳に集中して限界まで挑戦し、乗り越えていく勇気を持たなければならない。

集中した先には、必ず広がっていく新しい世界があると信じて……。

なぜできなかったかではなく、なぜできたかを考える

試合で泳いであと、成績が悪かったり、ミスをしたときには、

「どうしてダメだったのか？」

誰でもがそう考えるはずだ。

もちろん、そうした反省も必要であることはたしかだ。だが、もっと大切なのは、調子が良くて記録も上がったときに、

「どうして良かったのか？」

と考えることである。

選手のための目標を設定し、このテクニックを身につけさせるために、こんな練習をしていこうとプログラムを組む。それが予定どおりにすべて順調に行ったとき、人は反省や分析をおろそかにしてしまいがちなのだ。

だが、良かった原因や効果が上がった理由を、きちんと整理してまとめておかないと、

つぎに活かせないのだ。選手の泳ぎはいつも順調に行くわけではない。必ず崩れるときがくる。そのときに、

「なぜ、あのときにできたのか」

それがわかっていないと、調子を元に戻せなくなってしまう。

いちばん大切なのは、悪くなったときの「リカバリー能力」なのだ。そのためには、なぜできないのか、ではなく「なぜできたのか」のいいときの反省が必要なのである。

とくに平泳ぎは、好不調の波が激しいとずっと言われつづけてきた。ところが康介の場合は、その波がほとんどなく、コンスタントにいい成績を残してきた。

「いったい、どうしてなんですか?」

とよく訊かれる。

それは、日頃から康介には「どうして良くなったか」を説明しているし、私自身も「なんで良かったのか」を反省するようにしているからだと思う。つねにそれを考え、頭の中でまとめているから、自分の中の引き出しが増えていく。だから、いざ悪くなったときに、「どうやってリカバリーしたら良くなったか」を思い出して、適正な処置を

することができるのである。

ただし、康介は故障が多かったり、病気が多かったりして、不測の事態が起こるケースもある。うまく行っているように見えて、成功の成功もあるかわりに、失敗の中の成功や、成功の中の失敗もある。

だからこそ、「リカバリー能力」を最大限に活かさなければならないのだ。

第四章 人を育てる

選手の課題をどうクリアするか

選手たちは、みんなそれぞれ違った課題をかかえている。

たとえば康介の場合は、体調管理がいちばん難しい。よく故障をするので、それに対する注意や指導は最初の頃から厳しくしていた。

そのための対策として、東スイのほうでトレーナーを呼んで来てもらったりしたが、「休みの日には自分でトレーナーさんのところに行け」という指示を出したりもしていた。

康介にとって大切なのは、そうした課題を自分自身が自覚し、管理しないと、伸びていかないと知ることだった。

反対に、中村礼子の場合は何でも自分で解決しようとしてしまうところが、いちばんの課題であった。試合が近づくと、コーチである私からスーッと身を引いていってしまうのだ。

精神的なプレッシャーなどの問題を、自分だけで解決しようとして、相談にこなくなりディスコミュニケーションが生じてしまう。「自分、自分」というように、ベクトルが内側に向かってしまって、思うような結果が出せなくなってしまうのだ。

この二人に対して上田春佳の場合は、

「技術が大切だよ。泳ぎの感覚はこうなんだよ」

と教えても、今、自身が泳いでいる感覚がいいか悪いかがわからなかった。春佳へのコーチとしては、いかに彼女の技術力を磨いていくかが大きな課題だった。

選手おのおのの課題は違っているが、その課題が何なのか、どういう対応をすればいいのか、それを選手自身が認識し理解するということはどの選手にとっても重要なのだ。

何が大切なポイントなのかと気づかせて、最終的には自分でそこをクリアするように仕向けていくのがいちばんいい。

私が口うるさく指導してきたせいか、最近は康介も自分でトレーナーを雇ったり、

「じゃ先生、ちょっと行ってきます」

と自分のほうから体調管理に出かけるようになった。

礼子も、不安になって「どうしよう、どうしよう」と悩むのではなく、不安にならな

いように「先生、相談があるんですけど……」とやってくる。

また春佳にしても、「先生、今日はお腹に力が入っていて、腕がちゃんとかけてました。どうですか？」などと訊いてくるようになった。

何を教えても「よく、わからないです」と言っていた一年ほど前とは大きな違いだ。

昨年の秋から私についてくれているアシスタントのコーチが、

「春佳があんなことを言いだしましたよ」

と、びっくりしていたくらいだ。

ここまで来れば、しめたもの。コーチとしては次の段階に行けるし、もう少しステップアップした細かい指導ができるようになる。

課題を乗り越えていくためのステップには、いくつかの段階がある。

まずは、解決のための方法を、こちらが準備し用意を整えておくこと。次には、選手自身に課題が何なのかを理解させること。そして、最終的には自分で理解し判断して、私たちに協力を求めるようになること。

それが理想の形なのだと思っている。

第三者を通じて、選手の本心を見抜く

選手とのコミュニケーションは、直球ばかりではない。

もちろん、コーチと選手はお互いに向き合ってストレートに意見を交換するが、単純な直球ばかりではないことを知っておくほうがいい。

たとえば、ふつうの人が親に相談しにくい話があるのと同じように、選手も担当コーチである私には相談しにくいこともある。そんなときに、他のコーチやマネージャーさん、あるいは代表の監督などにこっそり話していることがあるのだ。

最初のうちは、

「なんで私に言ってくれないんだ？」

と内心気分を害したこともあった。だが、親には内緒にしていても友達なら言える、第三者になら言えるという心理もわからないではない。

結局、その話が遠まわりして私のところに届くのだが、意外にそれが選手の本音であったりすることが多いのだ。告げ口とは違うのだけれど、情報のソースは選手本人だけ

ではなく、周りの人たちからも得られるように複数を確保しておいたほうがいい。

それを聞いていないふりをしながら、半分とぼけて、

「本当は、こんなふうに思ってるんじゃないの？」

と選手に訊いてみたりする。

何年も身近にいてコーチをしていると、近ければ近いほど言いにくいことがあるものなのだ。そんなときは第三者であったり、私とは立場が違う人間の意見を聞いてみることも必要だと思っている。

コーチ同士でも、お互いに協力しあって情報交換もしていこうと話し合っている。選手に対して私が直接言ったほうがいい場合もあるし、違う先生が言ったほうが効果がある場合もある。

「もし、選手が相談してきた場合にはよろしくお願いします」と他のコーチに言ってあるのだ。「そのかわり、私も同じように相談に乗りますし、情報もお伝えしますので」

というようにコーチングのネットを拡げている。

たとえば、他のコーチから春佳の話を聞かされたりする。そんなとき、

「あいつは、最近よく頑張ってるんですよ」

と、答えることがある。すると、それを又聞きした春佳が、思いがけないほど嬉しがったり喜んだりする。褒めるときは、ワンクッション置いたほうがいいのかもしれない。

選手との関係は直球ばかりではなく、ときには変化球も必要なのだ。

高いアベレージで泳ぎきれ

私にとっての勝負どころは、

「オリンピックでどう戦うか」

ということである。

「ホーム」と「アウェイ」という分け方があるとしたら、オリンピックは「アウェイの場なんだ」という捉え方をしている。思いどおりに泳げる状況ではない場所でやらなければならないわけだから、基本的にはプレッシャーがかかり、やりにくい場なのである。

そのときライバルの選手に、いかに康介なら康介のことを意識させるか、それをまず考えるのだ。こちらが向こうを意識するのではなく、向こうにこちらのことを意識させるようにして、「アウェイ」を「ホーム」の場に変えていこうという作戦である。

そのための準備として、準決勝とか、予選とか、それより前におこなわれるプレッシャーの比較的少ない試合のときに課題を与えて泳がせるのだ。

それも、練習をたくさん重ねて疲れているときや、気持ちがフリーではなくて国外での重圧感を感じているときに、その中で一〇〇%を出しきるような努力をさせておくこと。そのときのコンディション、状況下での一〇〇%を狙うのである。

しかも、メンタルな部分はつねに一〇〇%にできるようにしておかなければならない。体が一〇〇%で心も一〇〇%だったら最高だが、体が九〇%でも心は一〇〇%のまま行けるか。もしも、体が八〇%でも心が一〇〇%を出せるかどうか。

ふつうなら、体が七〇%とか六〇%のときは、心も六〇%に下がってしまう。だからこそ、プレッシャーになる外的要因があって、たとえ緊張していたとしても、心が一〇〇%で行けるようにしておかなければならないのだ。

たとえば、ベストタイムが五〇秒だとしたら、五五秒まで落とさせてはいけない。何かコンディションや外的要因があっても、気持ちは一〇〇%に持っていく努力をさせなければいけないと思う。

オリンピックの場合、予選、準決勝、決勝と、体はたしかにどんどんきつくなっていく。そんな中で高いアベレージを保ち、ベストタイムに近いところで緊張感をもって三日間を過ごさなければならないのだ。

むろん、レース以外でも「ずっと緊張しとけよ」というわけではない。リラックスして緊張、リラックスして緊張、というセルフコントロールが、短時間でできるようにならないと、オリンピックで勝ち残っていくことは難しい。

それに耐えないと、いちばん光り輝くメダルに到達できないのだ。

心の弱さは体で鍛えよ

水の中で泳ぐ選手は、自分と独りきりの戦いになる。

泳いでいるときは、外界から遮断されて、音も聞こえにくくなるし視野も狭くなる。まさに孤独の世界なのだ。このときに、自分の全力を出せるかどうか、諦めないで泳げるかどうか、自分への問いかけと戦いがはじまるのである。

ちょっとした気の緩みが泳ぎに表れるし、

「もう、これでいいや」

と思ったとたん、タイムがガクンと落ちてしまう。気の緩みが、力の緩みに直結してくるのだ。

それだけに、きつい練習を自問自答しながらつづけ、それを乗り越えられたときには、自分に勝てたという自信になる。その自信が、レースでの自信にもつながってくるのだ。

不思議なもので、気の弱い選手は調子が良くなると、かえって自分のことを疑ったりすることがある。調子が上がっているにもかかわらず、

「下がるんじゃないか、下がるんじゃないか」

と不安になって、自分が怖くなる。つねに後ろを振り返るような心理状態になってしまうのだ。

心を鍛えるというと、坐禅を組んだり滝に打たれたりという連想をする人が多いと思う。しかし、競泳の場合は何かに耐えたり我慢をするだけでなく、まさに自分との戦いであり、「克己心」が必要になってくる。忍耐するだけでなく、みずから乗り越えてい

く努力もしなければならないのだ。

したがって、自分との心の戦いは、内にも向かうし、外にも向かうということになる。肉体的な意味での「瞬発力」「持久力」も必要なのだが、精神的な面での「瞬発力」「持久力」も要求されるのだ。それは練習のとき、いかにコンスタントに集中できているかということにもつながる。

体をいじめ抜くことで、心も同時に鍛えているのだ。

たとえば、練習方法のひとつに「ストレート・セット」という方法がある。これは二〇本なら二〇本を同じタイム、同じストロークで泳いでいくという持久系の練習である。この二、三年は、こうした単調な練習を意識的に増やしているのだ。

肉体的にも疲れ、精神的にも消耗していく中で、いかに単調な練習を我慢して耐えていけるか。こうした地味なトレーニングをすることで、「精神的持久力」といったものが鍛えられるのではないかと思っている。

結局のところ、練習でできないことは試合でもできないのだ。

まず短所に目をつぶる

以前の康介は、レースの前半は得意だったが、後半が苦手だった。

ふつう、一〇〇を一分五秒前後というタイムの選手なら、来年は一分三秒にしようとか、一分二秒にしようという目標を立てる。だが康介には、つぎの目標として、

「一〇〇の前半を二九秒で入ろう」

と提案した。当時の世界記録レベルのタイムだ。それを聞いた康介が驚いて、

「そんなことしたら、後半どうなるかわかりません」

と言う。私はわざと平気な顔をして、べつに、それはかまわないよと言った。

「後半どうなってもいいんなら、できます」と康介が言う。

「本当にいいんですね?」と念押しするので、「いいよ」と答えた。

実際に泳がせてみたら、二九秒で泳げるようになった。

「じゃ、つぎは二八秒を目指そう」

と、次第にエスカレートしていったのだ。

他のコーチから見たら、狂気の沙汰だったかもしれない。よくもまあ、あんなに前半

から突っ込んでいけるな、というのが正直な感想だったろうと思う。

だが、康介は闘争心をむき出していくのが大好きだから、前半から行くのはそれほど難しいことではない。他の選手なら怖くてできないことでも、康介にとってはふつうにできてしまう。そこが康介の良さだった。

ならば、そこを育てないといけないと思ったのだ。

康介の泳ぎを伸ばすために、つづいての作戦として、

「いいか、おまえは前半がいいときは後半もいい。前半が早いときはいい泳ぎだから、後半もその泳ぎをつづけられれば、いい記録が狙えるよ」

そう言って励ましたのだ。

人間だれしも長所もあれば短所もある。だが、最初から短所のことを言うと、長所を伸ばせなくなる。まずは、長所を伸ばしておいて、短所が長所のじゃまになっているかもしれないと感じはじめた頃に、短所を直してやったらどうかと考えたのだ。

康介の場合は、前半の五〇が得意だし、強くてパワーがあった。そのパワーを活かすために、「今度は二七秒で入れるか」といった挑戦を投げかけつつ、他の短所も削りと

っていく努力をしていったのである。

もともと選手として育成していくときに、康介に要求していたのは、「ふつうの人間と同じ価値観ではないものを、勇気をもってやる」ということだった。

結果をうまくまとめるのではなくて、もっともっと先のことを考えて、結果はあまり良くないかもしれないけれども、その途中の過程を充実させていこうと考えていた。

「前半から思いっきり行け」とか、「おまえの泳ぎは勇気がないとできないんだ」と言いつづけてきて、それが北京五輪で決勝に送り出すときの言葉につながったのだ。

前半から思いきりいくのは度胸と勇気がないとできないし、二〇〇メートルの泳ぎでゆっくりストロークで伸びていくのも、ふつうは水をかきたくなるところを我慢する勇気と度胸がなければできない。

選手を成長させるためには、まずは長所を伸ばす努力をし、勇気をもってそれを育ててやることではないかと思っている。

「選手離れ」「コーチ離れ」の時期を読む

康介との関係を改めて考えさせられたのは、シドニー五輪の一年前だった。コーチと選手の年齢差の問題もあるのかもしれないが、基本的な泳ぎ方を覚えさせ、努力する癖を身につけさせるためには、どうしても上下関係が生まれ、コーチが導いていく立場になる。

ところが、上から下に一方的に教え込むことをつづけていると、選手が「指示待ち人間」になってしまう危険性があるのだ。

私が東スイでコーチをはじめてから、アトランタ五輪まで選手が伸びなかった原因のひとつは、教え込むことばかりに力が入っていたからではないかと思う。選手自身に考えさせるとか、彼らが気づくまで少し待ってやるとか、そうした余裕が足りなかったのではないか、という反省が生まれた。

きっかけは一九九九年、康介がジュニアの遠征に出かけたときのことである。たまたま私が同行できなくて、別の選手を教えていたコーチに面倒を見てもらった。康介にとっては、東スイの環境以外でやったのは初めての体験だったはずだ。おそらく、彼なりに感じるところ、考えることがあったのだろう。帰ってきたときに、「コーチにはいろいろタイプがあるんだな」という態度が見えた。

その雰囲気を察して「少しずつ距離をとっていく、いい機会だな」と思ったのである。

私と話すときは丁寧語を使わせていたが、そのコーチとはタメ口で楽しそうにおしゃべりをしている。それを見たときは多少の寂しさも感じたが、自分のコーチングには自信があった。ここは、「子離れ」ならぬ「選手離れ」の時期がきたのだと思うようにした。

康介にしてみれば、私の指導を客観的な目で見つめなおす、いい機会だったのではないかと思う。その上で、私の教えが正しいのかどうか、という判断もしてほしかった。その意味では、康介にとっても「コーチ離れ」の時期だったのかもしれない。

その後、二度目の関係見直しの時期は、アテネ五輪が終わってからだった。

私はアテネまでの康介に対しては、一般の家庭にたとえると就職させて一人前に育てる義務のようなものを感じていた。コーチとして私から「オリンピックをめざそう」と言って、世界記録や金メダルを目標にさせた。自分のほうから声をかけて厳しくて苦しい水泳の道に引きずり込んでしまったという負い目のような気持ちもあったのだ。

だが康介は、そんな私の期待に応えて、金メダルを二つも獲ってくれた。

「これで、私の義務を果たせたな」

そう胸をなでおろした。

そのときに考えたのは、もしもつぎの北京をめざす気持ちがあるのなら、私からではなく康介のほうからの言葉を待とうということだった。私から「あと四年頑張れよ」と言うことは簡単だが、これは康介自身が決めるべきことなのだ。

「やりたくなったら言ってこいよ」

と一歩引いて話をした。その結果、康介自身から、

「また四年間、お願いします」

という依頼があった。ここからまた、私と康介の新しい関係がはじまったのだ。

アテネ以前と以後との違いは、私がリードしていくというより、横並びぐらいの距離感になったことだといえるだろう。

もちろん、ケース・バイ・ケースで、私が前に出なければならないこともあるし、並走して行くこともあるし、逆にわざと後ろからついて行くこともある。選手の自主性を

発揮させる方向に変化してきたのだ。私自身はこれまでも、

「コーチとはなんだろう？」

と、ずっと考えつづけてきた。

康介との関係から考えれば、その言葉が適切かどうかはわからないが、「協力者」でもあり「パートナー」でもあるような気がする。

もちろん引っ張って行くような指導もするけれども、困ったときにフォローし、悪いときはそっと見守ってやる距離感も大切にしたいと思っている。

言葉は競技も上達させる

スポーツ選手にとっても、言葉は重要なものである。

自分の目標や気持ちを言葉で表すことによって、言ったことへの責任が生じるし、決意を新たにすることにも通じる。たとえ、自信がなくて思っていることを言葉に出せないときでも、

「自信がない、ということを言葉にしなさい」

と指導するようにしている。

さらに、言葉にすることによって、自分の残した結果や現在の状況を把握し、判断するきっかけにもなる。

レースが終わってから、選手に向かって「自分の泳ぎについて話してごらん」と指示する。すると彼らは半強制的にレースを思い出しながら、自分の泳ぎをおさらいすることになる。「何が良かったのか」「どこを直さなければいけないか」、それを考えさせた上で、私が感じたこと考えたことを、つけ加えて言葉にしてやるのだ。

「ターンの前、あれは動きが良くなかった」

と気づいたことを指摘すると、

「そういえば、あのとき息をしちゃいました」

という言葉が返ってくる。

こうして話をしているうちに、選手が思っていることと私が考えていることの「ずれ」がなくなり、泳ぎの感覚が合致し、共有できるようになってくるのだ。

ただし、言いたいことはわかっていても、それをどんな言葉で表現するか、という問

題もある。そんなときは、

「どうだった？」

「良かった」

これだけで終わらせてしまうのではなく、さらに突っ込んで、「何が良かったの？」「それは、どうしてだろう？」

というように、選手とキャッチボールしながら、どんどん掘り下げていくほうがいい。

こうして泳ぎを言葉にしていくと、結果的に自分のレースやそのときの状況を客観的な目で把握することにもなるし、メディアの前に出たときにきちんと自分の言葉で話ができるようにもなる。

また、そうして自分で口にすることで、「自分で自分に気づく」というメリットもあるのだ。

そもそも水泳選手は、泳ぎで自分を表現している。水泳大会とは「発表会」のようなものだ。観客の前で自分を発表する会だと思えばいい。

選手自身の感性を磨き、自分のより内面的なものを引き出すために、その泳ぎで表現したことを、さらに言葉で表現することができれば、もっといろいろなことがわかってくるようになる。

康介の場合も、勝つたびに、

「チョー気持ちいい！」

「なんも言えねえ！」

といった「名ゼリフ」が注目される存在になっている。

それは、彼が自分の言葉で本音を語っているからだろう。みんなが遣っているような手垢《てあか》のついた言葉や、話し方をしないからだ。

トップアスリートになればなるほど、自分の言葉が重要になってくるのだ。

ピンチをチャンスに変える

康介が学校で腕相撲をして、右腕に肉離れを起こしたことがあった。

しかも、シドニー五輪の選考会を間近に控えた大事な時期だった。腕相撲で肉離れと聞いて、最初は大したことはないだろうと高を括《くく》っていた。だが、一週間経っても痛みが消えず、泳ぎにも影響が出てきた。

康介には「こんな時期になんてバカなことをしたんだ」と話したが、ふと冷静になって考えてみた。かりに全身骨折で入院されたら何もできないが、腕の肉離れだけならば他にできることはないだろうか、と思ったのだ。

「腕がダメだったら、脚を鍛えよう」

そう発想を転換した。

なるべく腕に負担がかからない軽い泳ぎをさせながら、キックの練習に重点を置いて取り組むことにしたのである。

康介自身も「いま泳がないと選考会に間に合わないいんじゃないか」という焦りを感じたはずだ。そこを我慢して故障を治すという気持ちに専念することも、心のトレーニングになったと思う。

そしてキック中心の練習が、もうひとつ意外な成果をもたらしてくれた。キック力がついたおかげで、泳ぎが大きくなっていたのだ。タイムを計ってみると、以前よりも良くなっている。

「七転び八起き」といわれるが、たいていは「七転び七起き」で、ふつうに起き上がってくるだけで終わってしまう。そのときに、転んでもただでは起きないという気持ちで、プラスアルファの「八起き」を狙っていかなければならない。

アクシデントやトラブルが起こったとき、たいていは「ああ、ダメだ」と諦めムードに流されてしまう。だが、そうしたときこそ、いまできる最良のことを考えてやっておくと、後になってその時間がムダにならなくてすむのだ。

コーチとして、思いがけないピンチに直面したときも、

「まだ、何かできないか？」

「もっと、良くできるはずだ」

と気持ちを切り替える努力をしている。

肉離れというピンチも、新たなチャンスに変えることができるのである。

ポジティブシンキングで行け

勝負するにあたって、

「もし負けたらどうしよう？　負けないようにするにはどうしよう？」

と考えるタイプと、

「どうしたら勝てるか？　勝つために何ができるか？」

と考えるタイプがいる。私はといえば、後者のタイプである。

試合の前にネガティブに考えたり、疑心暗鬼になっていると、どうしても守りの姿勢に入ってしまう。

それよりは「どうやったら勝てるか」という態度でいたほうが、前向きな意見が自分の中に出てくる。ポジティブな攻めの気持ちで行かないと、なかなかいい発想が生まれてこないのだ。

勝つか負けるかわからない状態で戦うと、勝負は五分五分というところだろう。だが、『孫子』の兵法ではないが「不敗の態勢を取り、勝算のある戦略構想を練るべし」なのである。

「このまま行ったら勝っちゃうな」

というところまで仕上げて、オリンピックの本番を迎えるのがいちばんいい。

十分に力もつけ、たとえ捕らぬ狸の皮算用になるとしても、どうやってもこれは勝てるという確信が持てるところまで選手も自分も追いこんで行くのだ。

むろん勝負である以上、ミスをすれば結果はわからないが、そこまで自信を高めていって、そこで試合に臨まないかぎり金メダルはなかなか難しい。

じつは、北京オリンピックのときも、

「明日は勝っちゃうな」

「このまま行くと、すごい記録が出ちゃうな」

と思っていた。

それを他のコーチに言ったら、さすがにバカにされ、からかわれたのだが、本当に戦う前から勝っているような気分だったのだ。

事実、二〇〇は勝てるはずだから、その前にある一〇〇をどうしようかと考えていた。一〇〇の場合は、持っている力でいえば上だから五分五分とは言わないが、ライバルの勢いというものがある。そこだけが未知数だったのだ。

理想的には作戦なんか駆使しないでも、ふつうに泳いで勝てるのがいちばんいい。しかし、そこで勝つのがいちばん難しいことでもあるのだ。

ただし、勝つだけが最終目標ではない。どう勝つかという問題もあるし、記録への挑戦もある。人との比較をしたら勝ってはいるが、康介の一〇〇%はそこなのかといえば、そうではないかもしれない。

勝ち負けはあくまでも結果であり、コーチとしての仕事は、選手の可能性をどこまで引き出せるか、選手であれば、自分のレースができたかどうかということが、もっとも重要なことなのである。

「頑張れ」という言葉の怖さ

北京オリンピックで、「加油《ジャーヨウ》!」という言葉をよく耳にした。

中国語で「頑張れ!」という意味である。だが、外国のコーチがよく使うのは、「頑張れ」に相当する言葉ではなくて、「グッドラック」か「エンジョイ」と言うことのほうが多い。

私も初めて東スイで選手クラスの子供たちを担当した頃は、「頑張れ」という言葉を連呼していたような気がする。小中学生の子供たちの場合は、「頑張れ」で励ましてやると成績も伸びて、それなりの記録も出すようになる。

だが、高校生ぐらいの年齢になると成長がストップし、どんなに頑張ってもタイムも伸びなくなり、結果に結びつかなくなってしまうのだ。それに気づいて、愕然とした。

あるレベルまで達したら、「頑張る」のは当たり前で、「頑張れ」と人から言われることではなくなる。むしろ、どう「頑張る」かということが問題なのだ。

たとえば、ある日に全力で頑張ったら、つぎの日は頑張りすぎないようにリラックスしてフォームに気をつける練習が必要であったりする。子供の頃は「頑張れ」もいいかもしれないが、大学生や大人に向かって「頑張れ」一辺倒は、最低のアドバイスだと思ったほうがいい。

コーチの立場からすれば、選手自身が頑張ることを当然のこととしなければ、つぎの段階をめざす泳ぎのテクニックや、もっと高度な指導をするステップに行けないのだ。

ただし、「頑張る」ことの優先順位がよく分かっていないケースもあるようだ。話題になっているテレビも観たいし、仲の良い友達と遊びにも行きたい、水泳の練習もしなければいけない……。

こうなると、水泳の優先順位が三番目になってしまう。結局は、テレビで夜更かしして、友達と遊んで、学校の勉強もして、水泳もする。それで彼らなりに生活をめいっぱい頑張っているつもりなのだ。

彼らには「頑張ってることはわかるよ。でも、この時間を割いて水泳をやればもっと伸びる。優先順位をどうするかということが大事なんだよ」と教えるようにしている。

ちなみに、中国語の「加油」は、自分以外の人に向かって「頑張れ！」と言うときに使う言葉で、自分が頑張るときに「我加油」とは、あまり言わない。

私は頑張る、と言うときは、「我会努力的」と表現するそうである。

オーバー・コーチングに注意せよ

選手とコーチには、それぞれの役割分担がある。

たとえば、北京五輪の決勝前の作戦について、もちろん康介自身も考えていたとは思うが、ライバルの選手の力を把握し、どうやったら康介が一〇〇%の力で泳げるか、という方法論を割り出して伝えるのがコーチとしての私の役割だった。

この作戦については、さまざまな情報を整理して、きめ細かい指導をしたつもりだ。

このとき気をつけたのは、選手自身が本来やらなければいけない体調管理とかプライベートな部分にまで、コーチが口を出したり指示をしてはいけないということだった。それが、いわゆる「オーバー・コーチング」になってしまうのだ。

小中学生や高校生の場合、スイミングスクールが終われば家に帰る。家に帰ってからの生活は、とうぜん両親をはじめその家庭の責任ということになる。にもかかわらず、選手が大事な試合をひかえていたりすると、

「今夜は十時までに寝なさいよ」

そう言いたくなってしまうのだ。

しかし、家ではご飯を作ってくれるのはお母さんの役目であり、躾《しつけ》についても両親の方針というものがあるはずだ。また、学校での生活については教師に任せるしかない。

本来、選手自身がしなければならないところは、彼らを信頼して任せ、コーチはコーチの役割に専念できるように徐々に、もっていくことが大切だと思っている。

ジュニア選手の時はコーチングが必要なこともある。しっかりと将来やるべきことを踏まえて、指導していくことも必要である。ところが選手が十代後半になっても可愛さあまって、指導をしすぎたり注意を与えすぎたりする傾向が強いようだ。そんなときは役割分担を明確にすると同時に、適度な距離を置くことも大事である。

私のこれまでの経験からすると、ふだんからガミガミと口うるさいコーチは、自分がなんでも知っていないと気がすまないというタイプに多い。瑣末なことまできっちり自分が管理していないと落ち着かないのだろう。

しかも、そういう人は意外と気が小さくて、レースの本番が近くなってくると自分からスーッと身を引いてしまったりするのだ。

選手は試合に近づけば近づくほど不安になっていく。コーチの役割としては、そのときにちょっと距離を近づけてあげることが必要なのだ。その距離のとり方は、年がら年中同じではなく、選手の精神状態を見ながら加減していくことも必要だ。近づきすぎれば、かえってうざったく感じることもある。

オーバー・コーチングには、距離感がオーバーになって、より近づきすぎてしまうという意味合いも含まれている。

コーチがなんでも全部知っていなければならない、ということはない。選手自身が自覚を持ってやる部分を残しておかないと、自立もできないし育っていかないのだ。

ワンポイントで伝えよ

選手とのコミュニケーションで、いちばん難しいのが「伝え方」である。

試合の前などにコーチするときは、選手に反省すべきポイントを話させて、自分なりの解決法を考えさせ、いろいろな問題点を探っていく。

ところが、泳ぎの悪いところを修正し、より改良して行こうとするときには、問題点を一つに絞らなければならない。そのポイントが複雑になると、泳ぎに集中できなくなって、修正することが難しくなるのだ。

たとえばクロール選手の場合、水に入るときの手の動きが悪かったとする。それを指導するときに、

「手の親指側から水に入れろ」

と伝えるだけの単純な修正ならわかりやすい。

ところが、本当はそのときにいちばん意識しなければいけないのが、肩の動きであるケースもある。手だけの修正では、本質的な問題解決にならないのだ。その場合、どう伝えれば効果的なのか。

人間の体を考えてみると、病気で足が痛むときに、本当の原因は内臓の疾患からきていることもある。足の痛みばかりに気を取られて、その原因を発見できないと病気はいつまでたっても治療できない。

泳ぎの場合でも同じである。原因と結果を探り、気をつけるべき動作点を見つけ、そこを集中的に改良していかないと修正できないのだ。

康介の場合も、泳ぎが力みすぎているときがある。そんなときに、「力を抜け」と言ったほうがいいのか。あるいは「ゆっくり水をかけ」という伝え方のほうがいいのか。

その判断が難しい。

力を抜くのだが、完全に力を抜かれたら困る。ゆっくり水をかくのだが、どの程度のゆっくりなのか。その選手にとって、どんな伝え方が有効かは、つねに吟味しておく必要がある。

平泳ぎでは背中の筋肉を動員し、肩胛骨《けんこうこつ》も使わなければならないが、

「肩胛骨を使って」

と指示するだけでは伝わらない。肩胛骨を動かすためには、

「頭のてっぺんで水をつかむようにしろ」

という言い方で肩胛骨が自然に動くような動作を心がけさせるのだ。

その指示を失敗すると、気をつけているにもかかわらず、直そうと思っている動作はまったく直らない。かえって、他の動きに悪影響が出てくることさえある。

原因と結果ということで言えば、その原因となる部分がどこなのかを発見できないと、ワンポイントで、しかもわかりやすい言葉で伝えることができないのだ。

第五章

水を究める

レーザー・レーサーの決断

オリンピックが近づくと、いろいろな問題が起きてくるものだ。

北京オリンピックでは、スピード社の水着「レーザー・レーサー」に関する問題が文字どおり急浮上してきた。

発端は、昨年（二〇〇七年）の第三回世界選手権だった。外国選手の記録が大幅に伸び、そのレベルが一気に上がったのだ。それは日本の水泳界にとって、まさに脅威だった。

「オリンピックの前年にこんなにタイムのレベルが上がってしまったら、オリンピックでは相当努力しないと戦えない」

誰もがそう思った。その時点ではまだ、水着が記録を向上させる要因になっているとは思いもしなかった。だから、練習メニューをより一層厳しくすることで対応しようとしていたのだ。

「スピード社の水着が、すごく速いらしいよ」

そんな声が聞こえはじめたのは、今年のヨーロッパ選手権あたりからだった。昨年の世界選手権の記録の上がり方も、どうやらその水着に関係があるらしい、という。

しかし、その水着がどういうものかわからなかったし、選考会も近づいていたから、とにかく厳しい練習をつづけていくしかなかった。

選考会が終わって合宿に入ると、レーザー・レーサーを着用している選手がいた。試してみると、とんでもない記録が出た。

「こんなに違うんじゃ、同じスタートラインに立てない。協会に着用を許可してもらうように、申し出るしかない」

いろいろと悩んだ結果、

「康介の担当コーチである私が言うしかない」

ということになって、私に御鉢がまわってきた。

大きな波紋を投げかけることになるが、いまのままでは、オリンピックで対等に戦えない。私が汚れ役を引き受けざるを得なかったのだ。

結果はご存じのとおりだ。

選手たちが厳しい練習に耐えて努力するのは、レースでいい結果を出したいからだ。その選手たちのために全力をつくすのが、コーチの役目だと信じている。

だとしたら、水着のせいで負けるようなことは絶対に許されない。

「泳ぎが速くなるならレーザー・レーサーを着させるべきだ」

という推進論と同時に、

「レーザー・レーサーを着るのはずるい」

という反論も耳に入ってきた。

しかし、そうした議論は発想そのものが違う。レーザー・レーサーを着なければ、世界と同じ土俵に上がれないのだ。コーチとしては、何よりもまず選手たちを同じ条件でスタート台に送り出してやらなければならない。そうしなければ、選手たちはベストの状態で戦うことができないのだ。

コーチは、トレーニング方法をはじめあらゆるものについて、つねに最善のものを追求しなければならない。それは自分なりのベストをつくすというだけではない。

あくまでも、世界的な判断基準に照らしたベストでなければならないのだ。

伸びることを前提に練習する

しっかりとした栄養、正しい練習、たっぷりの休養。

この三つが揃ったら、選手は伸びる、と私は思っている。

だから、康介にも礼子にも春佳にも、

「自分は伸びるんだ、ということを前提にして練習をしないといけない」

と話している。

「頑張ってるけど伸びるかな……と不安になるんじゃなく、伸びるから頑張るんだと考えないと、練習は辛くなるよ」

礼子が伸び悩んでいたときには、よくそんなアドバイスをした。

伸びることを前提に練習していれば、もしも思うような結果が得られなかったとき、そこには何かの阻害要因があるはずだ、と誰もが考えるだろう。つまり気づきが得られるのだ。あとはその要因を見つけて、取り除けばいいということになる。

むやみやたらに練習をしても、意味がない。

とかく伸び悩んでいるときは、

「こんなきつい練習をしても伸びないなら、もう練習なんかしたくない」

と、選手の気持ちは守りに入ってしまいがちになる。そんなふうにネガティブに考えると、物事はうまくいかなくなる。そういうときほどポジティブに行かないといけないし、それが考え方の基本だと思う。

自分で自分のアラ探しをしてしまう選手も多い。たとえば、今日はこういうところがうまくいかなかった、また、ここができなかったなどと悪い点ばかり目について、それで落ち込んでしまったりする。それではいけない。

「今日はこんないいところがあった。ここがうまく練習できた」

そんな前向きな考え方をしていくべきなのだ。たとえ一日ぐらい練習がうまくいかない日があったとしても、三六五日の中の一日とか、何百日、何千日の中の一日だと思えば、そんなに落ちこむ必要もなくなる。

自分一人だけが苦しい思いをしていると悲観的に考えると、自分が世界の悩みをぜんぶ背負っているような気分になってしまう。

そんなときは、複数の選手と練習させて、客観的な目で見つめなおすことも必要だ。

また、友達と飲みに出かけて、ストレスを発散できるようにすることも大切だろう。

同じ練習でも、コーチにやらされていると思いながらするのと、自ら苦しいものに立ち向かっていくという気持ちで努力するのとでは、その成果がまったく違ってくる。

つねに自分から攻めていく気持ちで練習に取り組んでいないと、試合でのプレッシャーを撥ねかえすことができない。

ポジティブな姿勢、攻めの気持ちでなければ乗り越えていけないのだ。

練習メニューは食事と同じ

水泳選手にとって、もっとも基本となるものは持久力だ。

まずは持久力がベースとしてあって、あとは距離や種目によって強化しなければならないものが違ってくる。したがって、練習メニューもそれに合わせて違ったものになる。

食事のメニューにたとえれば、いろいろなものが盛りこまれた「丼物」がメインの練習もあれば、一週間の「コースメニュー」仕立ての練習もある。

月曜日は前菜があり、火曜日はスープがあり、木曜日、金曜日あたりにメインの魚、肉みたいなものを用意しておくのである。ただし、週末にデザートがくるかと思ったら、そこでもう一度メイン料理がくることもある。

ときには、たんぱく質を重視したり、炭水化物を主にしたりする料理もある。練習の組み方もそれと同じで、その日、その日のテーマに応じて練習メニューも変えていかなければならない。

その中で、持久力は「ご飯」のようなものだと思えばいいだろう。

いわば主食としての「ご飯」があり、副食として「煮物」や「サラダ」「肉」「魚」「味噌汁」がついてくるといったイメージに近い。

私の練習メニューは三日で一巡するような構成になっており、一週間に二回繰り返すのが基本である。食べすぎにならないように、かつ一週間食べたらちょうどいい栄養になるように考えているのだ。

その練習メニューは、それぞれの選手に合わせて、少しずつアレンジしているが、年齢の低い選手の練習メニューにだけは、毎回、持久力、スピード、瞬発力といった要素を盛りこむようにしている。つまり、おかずもご飯も一体となった丼物に近い練習メニューということになる。

ふだんの一週間のメニューは、だいたいそんなふうに決めるが、レースの二週間前とか三週間前には特別なメニューに切り替える。一年間の練習メニューに関しては、大きなレースのスケジュールに合わせて調整し、年間のメニュー配分を決めていくのだ。

たとえば、一年の締めくくりに高地トレーニングをしようと思ったら、十月とか十一月からそれに関連したメニューを組んでいくことになる。つまり、最後に何をして終えるかが決まったら、あとの練習のほとんどは、そこに向けての準備の練習になるのである。

またオリンピックの場合も、その二、三週間前には何をすべきかを考え、そこから逆算して練習メニューをつくっていく。

持久力を重視しなければならないのであれば、そこに主眼を置いたメニューになる。精神的な落ち着きが必要であれば、それを目的としたメニューに変えていくのである。

つまり、年がら年中同じような練習をしているのではなく、レースに照準を合わせた、より効率的で効果的なメニューづくりをしているのだ。

ただし、練習も食事も、「偏食」は禁物である。

選手の得意な部分から伸ばせ

競泳の記録は、「スタートでの瞬発力」「キック力」「ターンのテクニック」「後半の持続力」「ラストの爆発力」など、いろいろな要素が組み合わさった結果として出てくるものだ。

それらの要素が、どれもほとんど同じレベルの選手も確かにいる。ある意味では、これといった欠点の見当たらない選手である。

そうした選手は、まず致命的なミスを犯すことはない。だがその半面で、こぢんまりとまとまってしまう危険性があるのだ。

ミスを犯さないということは、反省点がないということだ。反省点がなければ、つぎのレースに備えて強化すべき目標が見つからないということでもある。その結果、記録はあまり伸びない。

選手としては、むしろ突出している部分があるほうが魅力的だ。

むろん、突出している分だけ、ミスが出る危険性もある。しかし、それはマイナスにはならない。反省点があるから、つぎのレースに向けて有効な対策を講じることができるのだ。

まんべんなく平均点を取っている選手には、「伸びしろ」というものがあまり感じられない。その逆に、九〇点の部分もあれば四〇点の部分もあるというように、荒削りなデコボコがある選手のほうに、よけいに「伸びしろ」が感じられる。トータルの力としては同じであっても、どこかに突出したものを持っている選手に魅力を感じるのだ。

そうした選手を育てる場合は、まず得意なところをどんどん伸ばすことを考えたほうがいい。選手にとっても取り組みやすいし、特化することによってその選手の特色もはっきりとしてくる。凸凹の凹の部分については、それほど急がず、徐々に強化していけばいいのだ。

とくに若い選手の場合は、まだ発達段階なのだから、守りに入る必要はどこにもない。

失敗を恐れずに、攻めることだけを考えさせればいい。人に抜きん出た特色を、思いっきり出させるということだ。

こぢんまりの一〇〇点は、いらない。

その選手の突出した一〇〇点が欲しいのだ。

「夢への年間計画」のつくり方

オリンピックが終わったら、つぎの「四年計画」を立てることにしている。

まだオリンピックを狙えないジュニア選手の場合は「三年計画」になることもあるが、できるだけ長期スパンで大きな目標を立てることにしている。それが決まったら、つぎの段階として、一年ごとに区切った具体的な年間計画を作成するのである。

たいてい国体が一段落したころから、まずはカレンダーづくりからはじめる。

そこに競技会の日程、それに向けた合宿計画などを入れていく。選手が学生の場合は、学校の試験の日程や、体育祭や修学旅行といった学校行事やプライベートの行事も書きこんでいくのだ。

試験の前は、あまり疲れさせてはいけないから、練習量は少し減らさなければならない。その代わり、試験が終わったら集中的に持久力を重視した練習をさせる。また合宿では、何日目かに疲労がピークに達するから、休養を取らせる日を設けておく。

そのようにして選手がどの時期にはどういう状態であり、一年間をどう過ごすかを予測し、それにどう対処するかを考えていく。

その意味では、企業が事業計画を作成するのと同じである。

ミスをより少なくするために、細部までつくりこむ前にテーマを設定し、おおまかな練習の流れをつくっておいたほうがいい。

ともすると、練習の細部をメインに書きこんだりしがちだが、それはあまり意味がない。というのは、練習の方法論はその時の選手の状況によって変わってくるからだ。

それよりは、

「試合後の疲れをとっておく」

と大まかなテーマだけを書いておいたほうが役に立つ。実際に何日間の休みを取らせるかは、その時になって考えればいい。大事なことは、休みをとらせることを忘れない

ようにすることなのだ。このほかにも、

「合宿には絶対にトレーナーを」

などと書いておけば、選手たちの疲労の度合がどれくらいなのかを判断し、場合によってはトレーナーも必要になるな、ということを改めて認識することができる。

その上で、今シーズンの様子を振り返って、

「ここで風邪を引いたのは、試験のすぐあとで疲労がたまっていたからではないか」

「ここは性急になりすぎたから、つぎはもっとゆっくりやろう」

そんな反省を踏まえながら、細部をつくりこんでいく。選手の体調や成長変化を考慮しつつ「準備期」「鍛錬期」「調整期」といった期間を設定したり、あるいはトレーナーと相談してウエイト・トレーニングなどをどうするか決めていくのだ。

私の計画表の特徴といえば、「月別テーマ」を文章にして書きこんでいることだろう。

月ごとの目標値を設定した上で、

「スタート・ターン・タッチの正確性をつける」

「疲労回復・リラックスを心がける」

「レースパターンの幅を広げる」

というように、文章を添えておくのだ。こうしておくと、なにかトラブルがあったときや、計画どおりに進まなかったときに、計画の原点を見直すことができるからだ。

ツールやソフトを使いこなせ

織田信長は、自分の部下を道具のように使っていたという。

その意味では、豊臣秀吉も明智光秀も、使い勝手のいい道具のひとつだったのかもしれない。また秀吉自身も、どうすれば信長に気に入ってもらえるか、道具に徹していたような気がする。

ただし、その信長にとっていちばん優秀で言うことをよく聞く道具は、自分自身だと考えていたそうだ。

自分を自分の道具と考えていたからこそ、戦に関してもエネルギッシュで、休むということがない。つねに攻めの姿勢を崩さなかったのである。

それを知って、私もふと、

「自分も道具になろう」

と考えたのである。

誤解を怖れずに言えば、コーチも選手にとっての道具《ツール》のひとつなのではないかと思ったのだ。選手を育てるために、コーチもアシスタントも道具になって手間暇惜しまずに努力する。選手のためなら何でもやってやる、そんな存在でありたいと思った。

と同時に、デジタルビデオやパソコンといった情報機器を、選手を教えるための道具として、最大限に活かすことはできないか、とも考えたのである。

じつは、東スイの大先輩で、かつてのヘッドコーチであった小柳先生の言葉の中に、

「自分の目を信用するな。もっと機械を使え！」

という教えがある。コーチは、自分の主観だけに頼ってはいけないのだ。

その教えにしたがって、私は選手の泳ぎを徹底的に分析するために、ビデオやパソコン、さまざまなソフトウェアを積極的に使うようにした。

たとえば、選手の泳ぎについては一度見ただけで記憶することはできる。私自身の頭の中では、その泳ぎを再生したり早送りしたり、巻き戻したりすることもできる。一時

停止して、問題点を発見することもできる。

だが、それを選手の前で、

「ほら、これを見てくれ」

と私の頭の中を見せてあげることはできない。

いまではそれをビデオに収めて映像化し、必要な情報を数値化したり、データとして出力することもできる。鮮明な映像を一緒に見ただけで、

「やっぱり、ここが問題だったのか」

と選手もコーチもお互いにわかる。

ただし、それで終わりではない。客観的に分析した結果として提供されるデータを、練習なりレースなりにどう活かしていくか、そこがいちばん重要な課題なのだ。道具を使って得た情報を、指導に活かしてこそ道具としての本来の役割が果たされる。

道具に使われるのではなく、道具をどう使いこなしていくか。

泳ぎをどう改善していくかを考え、選手にわかりやすく伝えるのはデジタルな部分ではなく、完全にアナログの部分である。

コーチングの妙とは、じつはそこにあるのだ。

練習とトレーニングの違い

日本には柔道や剣道のように、「道」のつくスポーツがある。

そんな柔道や剣道、空手道などでは、体を使って心を鍛えるということが、もっとも基本的で伝統的な考え方になっている。

前述した小柳先生の教えで、東スイに伝統的に伝わっているものとして、

「大切なのは忍耐力と克己心だ」

「条件の良いところばかりでやらせない」

といった教えがある。それが柔道や剣道の伝統的な考え方と、相通じるものがあるような気がする。

その考え方を練習に取り入れて、まだ体が完全には目覚めきっていない朝五時から、条件の良くないところで練習をさせたりすることがあった。私には当初、何のためにそんな練習をするのか分からなかったので、大先輩である青木先生に、

「この練習には何の意味があるのですか?」

と単刀直入に訊ねたことがある。

持久力をつけるためだとか、筋力をアップさせるためだという答えが返ってくると思っていた。ところが、青木先生は、

「きついところで頑張らせるようにしているんだ」

と言ったのである。

つまり、わざと選手を過酷な条件下におくことによって、気持ちを鍛えると同時に、十分な環境が整っていないところでも力を発揮できるようにする、ということだ。

練習には肉体的な効果と精神的な効果があるが、日本の伝統的な考え方として、その二つの効果を合体させる方法を実践していたのだ。

ところが西洋の場合は、その二つを別なものとして分けて考える傾向がある。たとえば持久力をつけるためのメニューと、タフな精神力を鍛えるメニューとは別なものだと考えているのである。その点に関しても、

「一つのメニューに一つの要素しかないということはない」

という小柳先生の教えが伝わっている。

複数の要素が盛りこまれていないと、「練習」とは呼べないというのだ。

たとえば生理学的なことでいえば、「持久力」と「泳法」と「泳速配分」というような複数の要素が盛りこまれていなければならない。その上で、「持久力」を支える「我慢強さ」や「集中力」といった精神的な部分を鍛える要素も、ちゃんと組みこまれている。

それが本来の意味での「練習」であり、それに対して、一つの要素しか入っていないのは、単なる「トレーニング」だというのだ。

なるほど、卓見だと思う。

それが日本の伝統的な考え方であり、練習法だったのだ。

小柳先生の教えは、東スイに伝わるバイブル的な存在である。とはいえ、何十年も前におこなわれていた練習法をそのままの形で、いまの時代におこなうことには無理がある。むしろ重要なのは、そこに迷ったときの自分が戻れる基本がある、ということだ。

小柳先生から学び、青木先生をとおして教えられたことを、私は私なりにアレンジし、工夫しながら実践の場に活かしている。

いわば、バイブルの「小柳流・平井解釈」なのである。

固定観念を突き崩せ

今では、競泳の世界でも、高地トレーニングは珍しくなくなった。

しかし短距離、高地トレーニングで成功した選手は少なかった。それに成功したのが北島康介だといってもいいだろう。

なぜ康介は成功できたのか。それは従来の高地トレーニングとは違う目的を持って臨んだからである。

それまでの高地トレーニングといえば、持久力を向上させることをもっぱら目的としていた。しかし私たちは、持久力をつけることよりも、スピードを増すとか、短距離選手にも通用するように対乳酸能力を高めることを目的にした。

「そんな目的で高地トレーニングをしているなんて話は聞いたことがない」

などと、最初の頃はよく言われた。それが当時の常識であり、ある意味での固定観念だったのだ。

高地では酸素が薄いので、ふつうは一、二週間といった長い時間をかけて酸素の薄い環境に体を適応させる。そして慣れたところで、本格的な練習に入るのである。

しかしそれでは、最初の一、二週間がもったいない。そこで、酸素が薄い環境の中で、体が高地に慣れる前に、高地でだからこそできるトレーニングがあるはずだ、と考えた。それが思いっきりスピードを上げさせる練習だった。

筋肉を動かすと、体の中に乳酸がたまる。平地で泳ぐと、七五メートル〜八〇メートルあたりから、徐々に乳酸がたまって、体が動かなくなる。それが高地になると、五〇メートルも泳ぐと、もう乳酸がたまってくるのだ。

だったら、あえて不利な環境の中で練習することによって、デメリットをメリットに変えていけばいいのではないかと考えた。あえて体がまだ高地に慣れないうちにスピードを思いっきり出させる。すると乳酸がどんどんたまり、相当にきつい練習になる。そこを我慢して頑張らせるのである。

そうして平地に戻ると、当然酸素の濃度が高地よりも高くなるので、乳酸がたまるのが遅くなる。その分だけ間違いなくスピード・アップすることができるはずだ。

そうした効果が予想できるならば、選手にとってはきつい練習になるにしても、あえて挑戦してみようと思った。

「高地に行ったらスピードがなくなる」

「高地でウエイト・トレーニングなんかしても無意味だ」

そんなふうに言われていた。

誰かが言ったことをそのまま鵜呑みにし、誰も検証してみようとしなかったから、いつの間にかそれが常識や固定観念になってしまったのだ。

だが、実際に検証してみれば、常識と思われていたことが非常識であることに気づく。とくにトレーニング論は、実験室を出たことがなく、現場を知らない人が考えたものであることが多いのだ。

そんな常識とか固定観念を、あえて突き崩す勇気も必要なのだと思う。

棄権する勇気をもて

「選手に課した練習の成果を、自分の目で確かめたい」

コーチなら誰もが、そんな思いを抱くはずだ。

だからこそ、選手の調子がいいときはもちろん期待が大きくなるし、調子が悪くても、もう少し頑張ったら何とかなるのではないか、という甘い期待を持ってしまう。しかし、じつはそこが落とし穴なのである。

二〇〇二年八月、康介がパンパシフィック水泳選手権に出場したときのことだ。

前年の冬から筋力トレーニングをさせた結果、泳ぎに力強さがみなぎって、記録を伸ばしていた。見た目には好調な泳ぎをキープしているように思えた。

ところが、まず肩に痛みが現れ、つづいて肘にも痛みが出た。康介の場合、いったん痛みがはじまると、治るまでに二週間は覚悟しなければならない。コーチとして、パンパシを棄権させるべきかどうか、それが最大の悩みだった。康介に訊くと、

「なんとか泳げそうだ」

と言う。

大会の直前までには、痛みもだいぶ薄らいだようだった。一〇〇メートルは行けるかもしれないと思った。この体調でどこまで記録が伸びるか挑戦してみたい、という甘い期待もあった。

そこで思い切って泳がせてみたら、一〇〇メートルで優勝してしまったのだ。

「この調子なら、二〇〇も大丈夫ではないか？」

そんなことも考えた。

だが、康介に訊いてみると「行けるかもしれないですね」とは言うものの、あきらかに疲労がたまっている様子だった。口にはしなかったが、多少の痛みも残っていたのかもしれない。

この日の夜、トレーナーやドクターとも相談をした結果、翌日の二〇〇は棄権しようと決めた。一〇〇で優勝しているだけに、泳がせてやりたいという思いもあった。棄権するということは選手にとってもつらい決断だが、コーチにとっても身を削られるような思いがするものだ。

康介には私の決断を伝え、その場で広島にいる鍼《はり》の先生のもとへ向かわせた。

「みんなが頑張っているのに、行きたくない」

と嫌がったが、チームを離れて頭を冷やすことも大切だと説得したのだ。

「この程度の故障なら、挑戦させてやってもいいのではないか」

コーチとしては、そんな親心もあった。しかし選手の将来も考えなければならない。

この出来事を踏まえ、故障が出たことを反省して、体の動きを良くするために泳ぐ前の陸上トレーニングを増やしたり、水中でのトレーニング方法やウォーミング・アップ方法も変えていった。

その結果、同年一〇月のアジア競技大会の二〇〇メートルでは、世界記録（二分〇九秒九七）を出すことができた。

棄権する勇気が、つぎのチャンスを生んでくれたのだ。

情報戦を生き抜け

世界の情報が以前と比べて早く、しかも大量に入手できるようになった。

インターネットをはじめ、テレビや新聞、雑誌などのメディアに関しても、情報量が格段に多くなってきたのだ。その中で、必要な情報をどう選択し、どう活用するかがレース展開の作戦・戦術を考える上でも重要なポイントになっている。

とくにオリンピックの場合は、外国の選手と一緒に練習をしてきたわけではないから、出場選手の戦力分析からはじめなければならない。

「康介は金を狙えるのか？」

「礼子は銅メダル圏内にいるのか？」

それを判断するためには、他の大会の情報を把握しておかなければならないし、目的を達成するための全体的なレベルも認識しておかなければならない。

最近はインターネットの発達で、リアルタイムで全米選手権などの映像を見ることができるようになった。新聞や雑誌などの活字情報だけではなく、実際の泳ぎを見られることで、研究がやりやすくなったのは事実だ。以前だったら、

「五九秒で泳いだというが、どんな泳ぎをしてるのかな」

「昔の泳ぎはこうだったけど、変わったんだろうか」

などと想像してみるしかなかった。

情報が入ってくればくるほど、それへの対処もしやすくなるし、作戦も立てやすくなる。だが、反対の立場から見れば、こちらの情報もそのぶん研究されやすくなったということである。隠しておきたいと思っても、どこからか漏れてしまうのだ。

たとえば、康介が世界記録を出したときも、それがあっという間にユーチューブにアップロードされ、世界に広がってしまった。

こうなると、まさに情報戦の様相を呈することになる。

競泳の場合、北京オリンピックの前や大きな大会の前には、たいてい公開練習がある。そんなときは、開き直ってわざと情報を流すようにしているのだ。それは私たちにとっては自信がないとできないことだし、「選手にミスをさせてはいけない」と、気が引き締まる思いもする。

ときには、メディアを利用することもある。公開練習のときに、

「調子はどうなんですか？」

とインタビューで訊かれたら、

「見たとおり」

そう自信を持って答えるようにしている。

その映像をライバルが見ることを想定して、わざとこちらで情報をコントロールしているのだ。

情報戦を制する者がレースを制する、といっても過言ではない。

第六章
夢を叶える

有言実行で自分を追いこめ

北京オリンピックでは、金メダルの獲り方にこだわりたかった。

シドニーからアテネに向けては、まさに急坂を駆け登っていくような努力が必要だった。そこには、想像もつかないようなハードルがいくつもあるように思えた。金メダルを獲るためには、何かを変えていかなければならないような気がした。

それまでの常識や自分の経験ばかりにとらわれるのではなく、未知なるものにチャレンジしていかなければならないと思ったのだ。

それまで日本の水泳界は、ミュンヘンで田口信教選手、青木まゆみ選手が、ソウルで鈴木大地選手、バルセロナで岩崎恭子選手が、金メダルを獲得していた。

その水泳界の歴史の中で、つぎに金メダルを獲るとしたら、どんな獲り方を狙っていくべきなのか、と考えたのである。そこで、ふと思いついたのは剣道の道場破りだった。

「たのもう！」

と声をかけて堂々と正面から入っていき、全員をなぎ倒して勝つ。そんな勝ち方ができないだろうかと思った。裏口からコソッと入って「隙あり！」などと意表を突くやり方ではなく、正面突破でいきたかったのだ。

康介はアテネの前年（二〇〇三年）の世界選手権で、世界記録を出して優勝していた。世界の目が康介をマークしはじめた中で、もしかしたら「これぞ金メダル！」という感じの獲り方が狙えるのではないか。そんな、いささか不遜なことを思いついたのだ。

そのためには相当の覚悟をして、背水の陣で臨まなければならない。

では、どうすればいいか。

ちょうどテレビの取材で、ウッチャンナンチャンの南原清隆さんがインタビューに訪れたときだった。ここで公言してしまえば、言ったからには、やらなければいけなくなる。メディアを通じて言葉に出すことで、覚悟を決めようと思った。

そこで、南原さんに次の目標を訊かれたときに、

「世界記録を狙います」

「金メダルを獲ります」

と答えた。メディアの前で言ったら、それが既成事実になる。康介のキャラクターか

らしても、「有言実行」のほうが似合うのではないか、と思ったのだ。

むろん、プレッシャーもあった。だが、周りからの期待やプレッシャーよりも、自分が自分に対してかけているプレッシャーのほうが、ずっと大きかった。

なによりも康介自身がいちばん金メダルを獲りたいし、私もコーチとして獲らせてやりたかった。

その結果は、皆さんがご存じのとおりだ。そして北京でも、二大会連続の金メダルを手にすることができた。この金メダルは、まさに私たちがみずから獲りに行ったメダルだと思っている。

人から期待されるものよりも、私たち自身が私たちに期待する「夢」のほうが、ずっと勝っていたのだ。

初心忘るべからず

「初心忘るべからず」とは、世阿弥の『花鏡』にある言葉だ。

学びはじめの謙虚で緊張した気持ちを失わないようにという意味と、最初の志を忘れてはならないという意味もある。私にとっての最初の志は、「コーチはどうあるべきか」ということだった。

さまざまなシチュエーションの中で、自分ができることは何なのか。コーチとして何をすべきかと考えてみると、最終的な目標になるのは、

「選手を安心してスタート台に立たせる」

ということだ。まさに、それが「初心」なのではないかと思う。

担当するそれぞれの選手によって、教えるための方法論にも違いはあるし、途中のプロセスを変化させることも必要になってくる。だが、選手を安心してスタート台に立たせるために何をすべきかということだけは、いつも自分自身に問いかけなければならない。

たとえば、選手の調子が悪いときには、コーチとしてどこまでサポートできているか、いま何をしてやればいいのかを考える。

反対に成績が良くて記録が出そうなときも、選手よりも先回りした上で、結果が出たあとに選手がさらに次のステップにいけるよう立ちまわっておくことも、コーチの役目

のひとつだろう。

初心や原点に返ることも大切だし、つねにつぎに向けての準備をしておくという対応も必要になってくる。

じつを言えば、金メダルを獲ったあとでも、勝利の歓びに浸っている時間はあまりない。コーチとしては、つぎを考えなければならないのだ。北京の二〇〇メートル平泳ぎのときも、康介が勝った瞬間は歓んでいるものの、すでに頭の中では、

「つぎの礼子の二〇〇はどうしようか?」

と考えている。立ち止まっている時間はない。

「オリンピックが終わって一区切りですね」

と言われることもある。だが、コーチとしては勝利の美酒に酔いしれて、その余韻に浸っている暇はないのだ。

オリンピックが終われば終わったで、また「初心」に戻り、つぎの選手をどう育てていくかという新たな挑戦が待っている。

成功をパターン化するな

織田信長の「桶狭間の戦い」は奇襲攻撃で成功した。

この戦いは、信長が十分の一ともいわれる軍勢で敵の本陣を奇襲し、今川義元を討ち取ったという歴史上でも有名な戦いである。だが、このあと信長は同じような多勢に無勢の奇襲パターンは繰り返さなかったそうだ。東スイの大先輩である青木先生から、「信長は同じ成功をしないようにしていた。それには大変な努力が必要なんだぞ」と教えていただいた。同じ失敗を繰り返すなではなく、同じ成功を繰り返すなというのだ。その言葉が、ずっと心に残っていた。

青木先生にそう教えていただいて以来、いい記録が出たときには、「どうして成功したのか」を、きちんと頭で整理しておいて、つぎに同じ成功を繰り返そうとしないように心がけた。成功したときこそ、そのパターンを踏襲しないように心掛けないと、新しいことが発見できないのだ。

私たちはともすると、いったん成功したら、その同じパターンを繰り返しがちになるものだ。

二〇〇二年「釜山アジア競技大会」の男子二〇〇メートルで、康介は二分〇九秒九七の世界記録を出して優勝した。力まない泳ぎが見事に成功して記録を伸ばしたのだ。そのとき、

「いまの泳ぎを崩しちゃまずいですよね」

と周りの人たちから言われた。

しかし、本当にそうなのだろうか。同じ成功パターンで、さらに記録を伸ばしていけるのだろうか。悩んだあげく、康介にウエイト・トレーニングをするように指示した。

すると、他のコーチをはじめ関係者の方々からも、

「康介にウエイト・トレーニングは要らないんじゃないですか」

という疑問と批判の声が上がった。ウエイト・トレーニングなどをしたら、せっかく成功した力まない泳ぎが崩れてしまうのではないか、というのである。

たしかに、康介の力まない泳ぎは完成していた。だが、成功パターンの繰り返しでは、それより先がないこともわかっていた。あえて、いまの泳ぎを捨てて、アンバランスを生み出していかないかぎり、つぎのステップに行けないと思ったのだ。

「ウエイト・トレーニングをやって力をつけよう。力む泳ぎになってしまうかもしれないが、そのときはテクニックの練習をして、できなかった部分を修正していこう」

そう考えた。そうしないと、大幅な伸びはもう望めなくなる。

だが、それからが苦労の連続だった。

あえて新しいものにチャレンジし、いままでの成功パターンをわざと崩していっても、その答えを知っている人は誰もいない。答えは自分でしか出せないのだ。

康介とともに試行錯誤しながら、

「これだ！」

という泳ぎが見えてきた。

力は入れていないのだが、前よりもパワーがついていてより力強い泳ぎになっている。その上、もっともっと滑らかに泳げている。うまく言葉では表現できないが、滑らかであり、かつ前よりも力強い。しかも、それが力強く見えないという泳ぎなのだ。

アテネ、北京とそれぞれの成功パターンは戦い終えた。その成功は、勝った瞬間に捨て去らなければならない。立ち止まっていたら、その日が人生のピークになってしまう。

勝って嬉しい気持には偽りはないが、

「今日のこの日が人生の最良の日にならないように、これからも頑張ろう」

と自分自身を戒めた。

「さて、つぎは何をめざすんだ？」

人生、毎日がその繰り返しである。

プロセスは変えても、目標は変えるな

最終的な目標へのこだわりは、大切にしなければならない。

選手を指導していて、いちばん難しいところはどこかといえば、目標への意識を高めるところである。ふつうは記録だけが先行していることが多く、記録では同じレベルの選手がいても、意識のレベルがまったく違っているのだ。

かりに最終目標が違っていて実力が同じだとすると、目標の高い人のほうが努力もするし、現状に甘んじないという強さを持っている。

中には勘違いしている選手も多いのだが、そもそもオリンピックは、練習をしていれ

ば行けるというものではない。階段を一段一段昇った先に、オリンピックという舞台が待っているわけではないのだ。

「これだけ練習しているんだから、オリンピックを狙える」

と考えながらやっているのか、

「オリンピックに行くために、この厳しい練習をしている」

と考えるのか。この二人には雲泥の差がある。

私は康介に対して、最初からオリンピックをめざすための、全部がプロセスなんだという指導をした。だから高校の試合も、日本選手権も、アジア競技大会も、すべてがオリンピックのための練習というふうに位置づけたのである。

つまり、練習を積み上げたプロセスの先にオリンピックを設定したのではない。オリンピックという最終目標から逆算して、後ろのほうから練習計画を決めて追いこんでいった。あくまでもオリンピックという目標があって、そのためにどんな経験を積み、どんな練習を重ねなければならないか。そういう発想をしたのである。

当時は「長期目標」と「短期目標」としていたが、長期的な目標というのが最終目標であり、オリンピックであった。長期目標のために、今年度の短期目標や来年度の短期目標を決め、強化計画をこなしていった。

康介が強くなってからも目標を見失わず迷わなかったのは、オリンピックのために必要な条件を満たすように努力したからだ。四年後のために、今年はこれをクリアしておこう、来年はこれを押さえておこう、というように課題をひとつずつ埋めて、オリンピックという高い目標に向かっていったのだ。

その途中のプロセスで、この練習方法が合っているのかいないのか、わかってくるときがある。もし自分が間違っていたとわかったら、潔く方向転換する勇気も必要だ。人間の成長が止まるのは、自分のこだわりを捨てられなくなったり、自分の方法論が固定化してしまうときである。

たとえばチョモランマ（エベレスト）にしても、さまざまな登山ルートがある。アタックするときに、選んだルートが雪崩《なだれ》で行き止まりだったら、もう一回戻って新たなルートを探して登ればいい。ところが、自分のやり方に固執する人は、

「雪崩が起きたから、頂上まで行けなかった」

という言い訳をして諦めてしまう。そうした人は、目標よりもプロセスへのこだわりのほうが強い。ひとつの登山ルートを開発したら、そのルートしか登れなくなってしまうのだ。

しかし、私たちがめざすべきは最終目標である。

たとえ、途中のプロセスを変更するにしても、目標さえしっかり見えていれば、何も惑わされることはないのだ。

プレッシャーを味方につけろ

私も康介も、血液型はB型である。

信じるか信じないかは別として、いわゆる血液型占いによれば、B型は「マイペースで行動的な自由人」であり、「物事のマイナス面よりプラス面を重視して、つねに前へ前へと進んでいく」というタイプであるようだ。

そのせいかどうかわからないが、あまり余計なプレッシャーを感じないタイプである。

自分の気持ちとして、

「金メダルを獲りたい」

と思って練習するのと、

「もしかしたら獲れないかもしれない」

と思いながらやるのとでは、プレッシャーの感じ方も違うのではないだろうか。

私も康介も、獲れないかもしれないのに「獲ります」とは言っていない。「獲る」と言ったら「獲るしかない」と思っている。B型的な大言壮語と言われるかもしれないが、自分たちの気持ちの中に嘘はないのだ。

中には「獲れればいいな」くらいに考えている人が、その場の勢いで「絶対、獲ります」などと言ってしまうこともある。そんなときに、気持ちと言葉にギャップが生まれ、それがプレッシャーの種となって、次第に大きく育ってしまうのではないだろうか。

私や康介のように、最初からその種がなければ、プレッシャーも必要以上に巨大化はしないはずである。金メダルにしても、現状の把握とか、課題の克服をしていったときに、最大可能な目標の範囲内にあるのかどうか、それをしっかり見据えた発言なのかどうかが問題なのである。

少なくても、私も康介も世界記録と金メダルに関しては、「行ける範囲だろう」という読みも自信もあった。

だから、プレッシャーをなるべく持たないようにするには、きちんと自分の実力を把握しておくことである。

『孫子』の兵法に「彼《か》れを知り己《おの》れを知らば百戦して殆《あや》うからず」という言葉がある。

そのためには、トレーニングをしたり、練習をしていった先に、金メダルが可能な範囲内にあるのかどうか、冷静に判断してみることが必要だ。

その可能性が、自分の気持ちとほぼ近ければ、それほど大きなプレッシャーを感じることもないし、自分に負けてしまうこともない。

むしろ、プレッシャーのほうが味方についてくれるのではないだろうか。

日本人のプライドをもて

日本人がもともともっている勤勉さや研究熱心さを、もう一度見直してみてはどうだろうか、と思うことがある。

日本人の産業構造を振り返ってみると、外国に比べるとオリジナリティは少ないにしても、諸外国のものを取り入れて自分のものにし、新たなものを作り出すという能力には優れていた。それにプラス勤勉さが、日本の屋台骨をずっと支えてきたと言えるだろう。

水泳界もほぼ同じような構造を持っている。もともと水泳は、どちらかといえば単調なスポーツである。日本の伝統とかやり方に頼っているだけでは、やがて限界がくる。

オリンピックや世界選手権などに行ったとき、コーチとしては必死になって情報収集し、外国選手のいいところを吸収する気持ちで、どんどん外から刺激を持って帰ろうとしないかぎり、もう日本人は勝てなくなるのではないかと思うのだ。

そんなことを考えているときに出会ったのが、司馬遼太郎の『坂の上の雲』という長編歴史小説だった。

この小説の中に、正岡子規と秋山真之《さねゆき》が会話するシーンが出てくる。

秋山真之は、ロシアのバルチック艦隊に対する迎撃作戦を立案し、日本海海戦を勝利にみちびいた人物だが、その秋山がロンドンに軍艦の買いつけに行って帰ってきたときのこと。

「残念ながら、軍艦は小艦艇はのぞいてみな外国製だ」

と嘆いた秋山に対して、子規は、

「なあに、それでええぞな」

と言うのだ。

たとえ「英国の軍艦を買い、ドイツの大砲を買おうとも、その運用が日本人の手でおこなわれ、その運用によって勝てば、その勝利はぜんぶ日本人のものじゃ」と言うのである。（『坂の上の雲(二)』文春文庫）

このシーンが、印象的だった。

たとえば、日本の選手が外国に行ってコーチを受けたり、外国式のやり方を学んでくる。それはロシア式であったりアメリカ式であったりするが、正岡子規風に言えば、運用するのが、日本人だったら、それは日本式だと思う。

今後は日本人の独自性を活かし、海外からいろいろなものを積極的に吸収していくべきだろう。そして、最終的に日本人独自の勤勉さや研究熱心さで、それをアレンジし、よりいいものにつくりあげていくという、日本人の得意なことをすればいいと思うのだ。

それが日本人としてのプライドであり、日本式ということなのではないか。

「それでええぞな」の精神を大切にしたい。

新たな世代を育てろ——あとがきにかえて

夢に向かって行く、情熱をもった人間が少なくなった。

それは選手だけでなく、コーチするほうにも問題があるのかもしれない。私が康介や礼子、春佳といった選手と出会った頃は、毎日が楽しくて夢に燃えていた。

「こいつらがみんな強くなったら、どうなるんだろう?」

「みんながメダルを獲ったら、最高に面白いな」

そんなことを考えて、毎日わくわくしていたものだ。

ところが最近になって周りを見渡してみると、コーチにしてもいわゆる「サラリーマン化」しているように思えてならない。水泳にのめりこんで楽しんでいるのではなく、あくまでもコーチを「仕事」の一環と割り切り、黙々とノルマをこなしているように見える。

一方選手のほうも、泳ぐことの楽しさや歓びを味わうより、淡々と練習をこなし、試合に出ることを学校のクラブ活動の延長と思っているようにも感じる。

本当に、それでいいのだろうか？

私が考えるコーチとは、

「選手に対して、もっともっと夢を与える存在」

なのではないかと思っている。

たとえ毎日の練習がきつくても、なかなか記録が伸びなくても、

「今日はこの子の泳ぎが良かった」

「ここを工夫すれば、もっと伸びるな」

そんなふうに切磋琢磨しながら、大きな目標に向かって泳がせてやりたい。

コーチとして、若い選手にチャレンジしていく厳しさ楽しさ、夢を持って努力することの厳しさと楽しさを味わってもらいたいと思う。

また、選手自身にも、

「こうなりたい」

という夢を持てる歓びを味わわせてやりたいと思うのだ。

康介と出会った頃の私は、

「絶対にオリンピック選手をつくりたい」

と思っていた。その私自身の中にあった情熱が向こうにも伝わって、康介自身も伸びていってくれたのではないかと思う。礼子の場合も同じだった。

コーチのやる気があって、選手もやる気を出す。

そのお互いの相乗効果の中から、夢や目標が見えてくるのだ。

今後、私自身もコーチのひとりとして、

「水泳界のレベルアップのために努力すること」

「新たな世代を育てるために若い選手にチャレンジしていくこと」

その両方に、いままで以上に労力を傾けなければならない、と覚悟している。

また、いま教えている上田春佳に対するチャレンジもある。「春佳という自由形の選手を世界のトップに」という夢に賭けているのだ。
しばらくはその「夢の途中」である。

二〇〇八年十一月

平井　伯昌

参考文献

『スイミング・マガジン』(平井伯昌のコーチング My Victory Road)
株式会社ベースボール・マガジン社

著者略歴

平井伯昌《ひらいのりまさ》

一九六三年、東京都生まれ。
八二年、早稲田大学社会科学部へ入学。
在学中に選手からマネージャーへ転向。
卒業後、東京スイミングセンターに入社。
九六年から北島康介選手の指導に当たる。
二〇〇四年、アテネオリンピックで北島選手に金メダルをもたらし、
「金メダリストを育てる」という自身の夢をも叶える。
〇八年、北京オリンピックの水泳日本代表コーチに就任。
北島選手にオリンピック二大会連続の二種目金メダルを、
中村礼子選手に二大会連続の銅メダルをもたらす。
現在、東京スイミングセンターコーチの他、日本水泳連盟・競泳委員。
一二年のロンドンオリンピックに向け、競泳日本代表のヘッドコーチに就任。
著書に『世界でただ一人の君へ』がある。

幻冬舎新書 101

見抜く力
夢を叶えるコーチング

二〇〇八年十一月三十日 第一刷発行
二〇二一年八月五日 第七刷発行

著者 平井伯昌
発行人 見城徹
編集人 志儀保博
発行所 株式会社幻冬舎
〒一五一-〇〇五一 東京都渋谷区千駄ヶ谷四-九-七
電話 〇三-五四一一-六二一一(編集)
〇三-五四一一-六二二二(営業)
振替 〇〇一二〇-八-七六七六四三
ブックデザイン 鈴木成一デザイン室
印刷・製本所 中央精版印刷株式会社

Printed in Japan ISBN978-4-344-98100-3 C0295
ひ-5-1
幻冬舎ホームページアドレス https://www.gentosha.co.jp/
*この本に関するご意見・ご感想をメールでお寄せいただく場合は、comment@gentosha.co.jpまで。

幻冬舎新書

中村俊輔
察知力

自分より身体能力の高い選手と戦うには、相手より先に動き出すこと。それには、瞬時に状況判断をして正解を導く「察知力」が必須。中村俊輔はこの力を磨くために独自のサッカーノートを活用していた。

斉須政雄
少数精鋭の組織論

組織論の神髄は、レストランの現場にあった！　少人数のスタッフで大勢の客をもてなすためには、チームの団結が不可欠。一流店のオーナーシェフが、最少人数で最大の結果を出す秘訣を明かす！

山本ケイイチ
仕事ができる人はなぜ筋トレをするのか

筋肉を鍛えることは今や英語やＩＴにも匹敵するビジネススキルだ。本書では「直感力・集中力が高まる」など筋トレがメンタル面にもたらす効用を紹介。続ける工夫など独自のノウハウも満載。

近藤勝重
なぜあの人は人望を集めるのか
その聞き方と話し方

人望がある人とはどんな人か？　その人間像を明らかにし、その話し方などを具体的なテクニックにして伝授。体験を生かした説得力ある語り口など、人間関係を劇的に変えるヒントが満載。